FLAVIO UNIA

JOHN CONSTABLE
LA VERITÀ DI UNO SPECCHIO

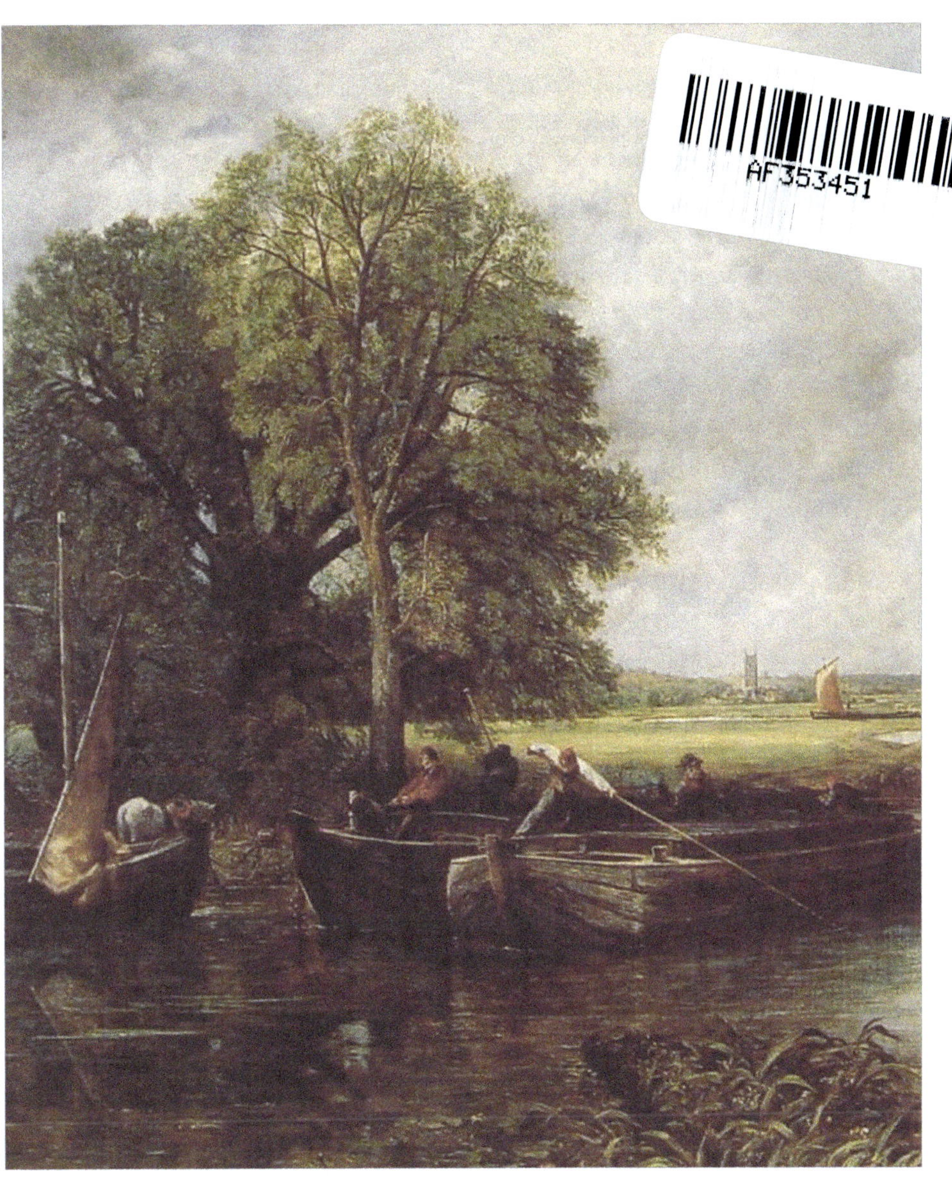

BOOKMOON ART

AUTORI - AUTHORS :

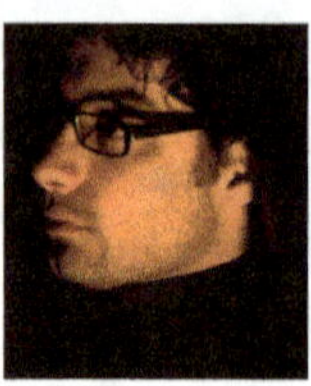

Flavio Unia è nato a Roma nel 1974 dove ha frequentato gli studi di grafica pubblicitaria. Successivamente si è iscritto alla scuola di scultura presso l'Accademia di Belle Arti di Carrara terminando il ciclo di studi all'Accademia di Belle Arti di Brera con il massimo dei voti. Vive e lavora a Bergamo come arredatore di case private, uffici ed enti pubblici. E' attivo come collaboratore per le scenografie presso il Teatro Donizetti di Bergamo e come scenografo presso compagnie teatrali private.
In qualità di designer collabora con un'azienda di illuminazione partecipando a mostre ed eventi con le sue creazioni.

BOOKMOON
La nostra nuova colana di libri dedicati al mondo dell'arte, della musica, della storia e della letteratura. Bookmoon, libri nati per il piacere della lettura, da sfogliare con piacere, anche grazie alle molte illustrazioni curiose ed inedite. Libri per l'ora del crepuscolo, sotto la luna...

ISBN: 9788893272087 versione ebook 9788893272094

Title: **John Constable - la verità di uno specchio (Bookmoon Art 004)** by Flavio Unia

Editor: SOLDIERSHOP PUBLISHING. Cover & Art Design: L. S. Cristini. DTP curato da Anna Cristini

In cover : Dedham Vale vista dalle Coombs

INDICE

Introduzione   Pag. 5

Periodo storico   Pag. 19

La vita   Pag. 25

Le opere   Pag. 41

L'arte e la personalità   Pag. 95

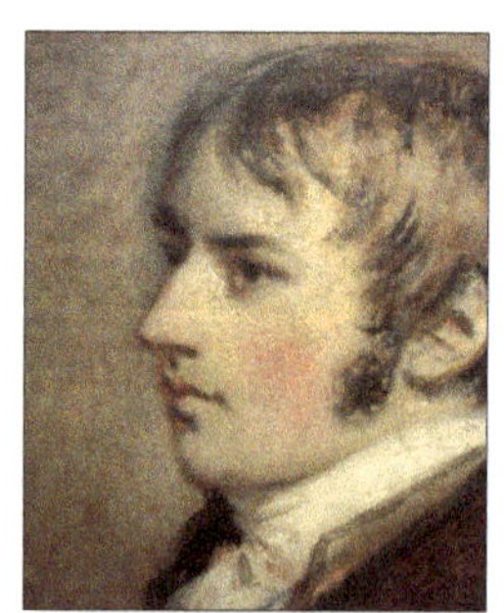

INTRODUZIONE

I PERCHE' DEL PAESAGGISMO

L'uomo immerso nel paesaggio

U canone estetico e ne usciva levigata e lucente come una porcellana. In quel caso era un paesaggio a misura d'uomo, in armonia con la sua elevatezza e per niente contrapposto ad esso con il peso della materia.

Si potrebbe andare indietro di secoli per constatare che la natura nell'arte ci fu sempre e spesso anche in modo predominante, ma si parlerebbe di poetiche molto diverse e di culture altrettanto varie. Per tornare al paesaggio che ci interessa in questo caso dobbiamo considerare che l'uomo ha accettato di sciogliersi in esso e di abbandonare la supremazia che fino a questo punto aveva quasi sempre affermato. Il paesaggismo è l'animo umano che sceglie ancora una volta di specchiarsi in sé, ma senza la rappresentazione diretta della sua presenza, bensì tramite la sua eco.

Potremmo dire che il pittore paesaggista è un uomo impegnato in un'attività cognitiva e nell'espressione della stessa; per cui non mette in primo piano l'epopea umana nelle declinazioni storiche, religiose, belliche, mitologiche: egli è impegnato a coltivare la propria interiorità durante lo studio della natura e a tradurre il suo animo che cambia grazie a questo studio con i mezzi che la natura stessa gli fornisce mentre questi la osserva. Ed i mezzi messi a disposizione non hanno l'immediatezza del ritratto o della resa anatomica, ma il riverbero poetico di una miriade di particolari muti, di fattezze estranee, vegetali, senza incarnato o pupille vive con le quali incrociare le proprie. Dialogo tra esseri viventi senza un alfabeto diretto, eppure dialogo, trasmissione intensa di emozioni e motivazioni cui l'uomo riconosce vera maestà.

Eppure questa grandezza non fu riconosciuta sempre, e senz'altro non da subito: nell'Inghilterra di fine Settecento per prima veniva la pittura storica, come detto, e poi il ritratto. Sir Joshua Reynolds si riteneva maestro in questo e raccomandava di idealizzare la natura seguendo i dettami della tradizione. Una visione che la Royal Accademy, fondata nel 1768, accoglieva in pieno e promuoveva, mancando di aiutare coloro che invece si dimostravano sensibili al tema del paesaggio.

I corsi all'Istituto non comprendevano lo studio delle forme naturali e si dovette aspettare il 1833, grazie alle indicazioni di Turner, per accettare la via indicata dal grande maestro e far entrare il paesaggismo nell'insegnamento accademico e nel novero delle arti eccellenti. La potenza dei suoi quadri aveva sconfitto qualsiasi riserva e si era fatta sintesi del pittoresco e del sublime, poetiche fortemente sentite in quell'epoca.

La nozione di Sublime era stata sviluppata nel 1756 da Edmund Burke che aveva pubblicato la sua Ricerca filosofica sull'origine delle idee del sublime e del bello. Questo modo di considerare la bellezza della natura costituiva un punto di unione con essa perché infondeva nello spettatore un senso di pericolo che lo attraeva facendolo sentire partecipe e più nobile. Ciò era possibile perché quel timore non si trasformava in orrore e quindi gli lasciava dignità dal momento che non andava oltre le sue forze. L'uomo perciò non si collocava più in quella posizione preminente dalla quale dettava la misura di tutte le cose, come si era voluto sentire nel Quattrocento, ma scendeva tra le altre creature e con esse pativa le durezze della vita. Ciò che però lo nobilitava era il fatto di conoscere la sua azione e quindi di non essere passivo come gli altri esseri viventi.

Il valore del Sublime è evidente perché ha avuto un grande peso sull'estetica ottocentesca, eppure ha contemporaneamente tolto non poco al paesaggismo confinandolo, quando gli artisti erano poco ispirati, ad un genere limitato alle scene di retorico eroismo dove l'uomo resta comunque il centro della visione ed il motivo dell'opera d'arte. Il Pittoresco, dal canto suo, di carattere più popolare, si concentrò sulla resa dei particolari inusuali e sull'effetto dell'episodio di genere nello spettatore. La sua valenza narrativa risentì molto di questi espedienti limitati, ma produsse comunque opere di qualità tecnica eccellente, non scevre di notevoli atmosfere.

Nel paesaggismo confluirono queste ed altre componenti, comprese quelle sociali: i proprietari fondiari tenevano molto alla celebrazione dei loro possedimenti e commissionavano dipinti che li ritraessero nelle terre di cui disponevano e davanti alle ville in cui vivevano.

Il genere andava ad accostarsi a quello del ritratto di famiglia che celebrava allo stesso modo lo stato sociale, sottolineandone l'elevatezza dalla rifinitura degli abbigliamenti e delle persone in generale. Inoltre le case dei più agiati venivano adornate di vedutisti italiani, primo fra tutti Canaletto, ampliando il gusto per la rappresentazione dei luoghi ed aprendo la strada al piacere per la pittura ispirata alla natura.

Si gettavano così le basi per una grande sensibilità, dalle motivazioni profonde, che avrebbero fondato quelle successive del Novecento. Basta leggere le parole che Van Gogh scriveva al fratello nel 1885 "Della natura conserverò una certa sequenza e una certa esattezza nel disporre i toni, e studio la natura in modo da non fare sciocchezze e restare nei limiti del ragionevole; tuttavia non mi importa che il mio colore sia proprio lo stesso, purché sia bello sulla tela, tanto bello quanto in natura. Questa dichiarazione ha già carattere novecentesco perché antepone il carattere dell'opera d'arte a quello del soggetto studiato e lo fa in modo lucido, consapevole: il quadro non è il risultato dell'osservazione ma il percorso autonomo che accompagna la visione di ciò che si vuole rappresentare. Ma se ci si immerge del tutto nell'opera si rischia di perderne la vitalità, lo spunto che l'ha generata, perciò l'artista non smette di guardare alla natura e di confrontarsi con essa. Sempre nella stessa lettera Van Gogh proseguiva così "Pensare a una cosa è far sì che l'ambiente appartenga a essa e da essa derivi […] Si inizia con un'impari lotta per seguire la natura e tutto va male; si finisce col creare tranquillamente dalla propria tavolozza e la natura va d'accordo e segue quanto si fa. Questi due opposti sono però inscindibili. La lotta, anche se può sembrare futile, dà intimità con la natura, e una conoscenza più completa delle cose. Anche se credo che i quadri migliori siano più o meno dipinti a mente, non posso evitare di aggiungere che mai si può studiare troppo o con troppo sforzo la natura. Le immagini più grandi e più potenti hanno sempre al tempo stesso derivato direttamente dalla natura cose da far ammutolire."

L'atteggiamento di Van Gogh ha molto in comune con quello dei veri paesaggisti, ovvero prende come punto di riferimento la natura così come si mostra e mette in secondo piano il talento dell'artista e la sua dimensione umana. I risultati sono tutti a vantaggio del pittore dal momento che il mondo è una sorgente inesauribile di bellezza ed ammetterlo serenamente conferisce ispirazione altrettanto inesauribile a colui che vuole fare quadri per tutta la vita.

I talenti dell'uomo però non sono cosa da poco e non possono far altro che misurarsi con tanta grandezza; il primo di questi è la capacità di conoscere e di desumere le regole che lo aiutino ad imparare ancora e meglio. Per i pittori valgono le leggi della visione alle quali si approcciano forti della mentalità scientifica dell'epoca; non bisogna infatti dimenticare che l'Inghilterra di fine Settecento era la nazione pronta allo scoppio dell'industrialismo le cui basi poggiavano sui progressi tecnologici e sulle conquiste scientifiche. Anche la meteorologia faceva i suoi progressi ed aiutava i pittori più volenterosi a decifrare i cambiamenti del cielo, ad interpretare il loro

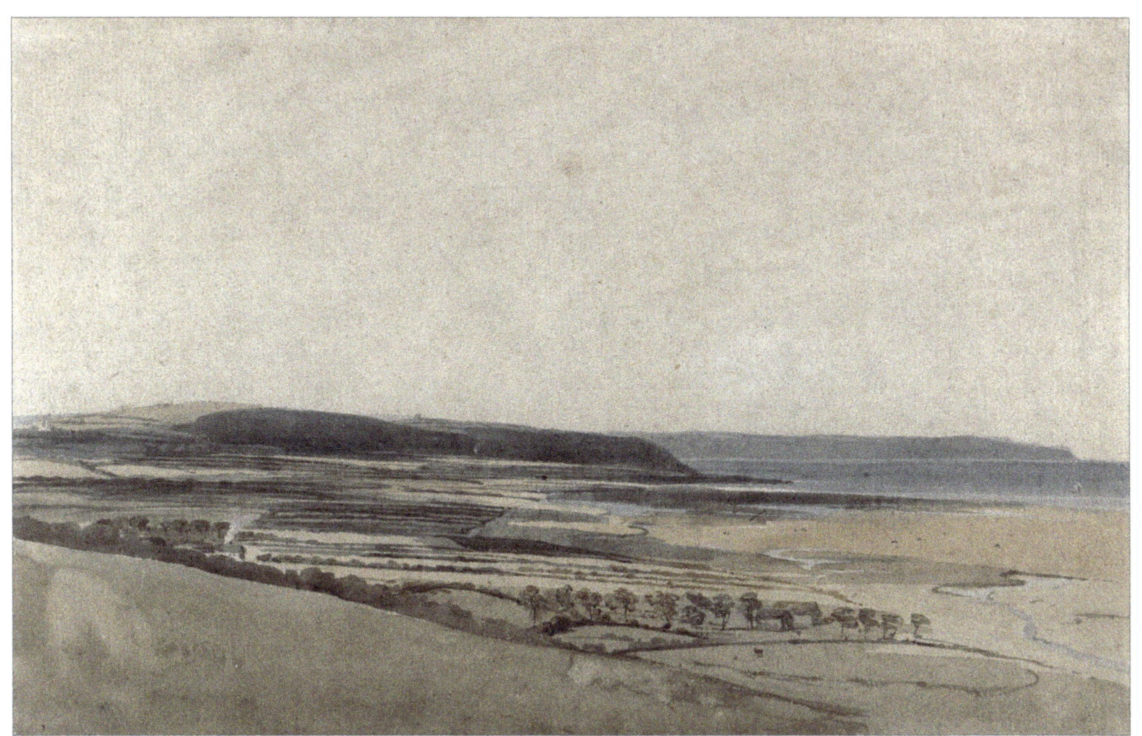

▲ **Thomas Girtin - Estuary on the River Taw nel Devon**

aspetto affascinante. Inoltre, non essendo ancora stata inventata la fotografia, fondamentale era l'apporto della topografia per avere una rappresentazione rigorosa dei territori e tale esattezza era fonte di ispirazione per alcuni pittori. A parte ciò i topografi godevano di una buona fetta di mercato costituita dagli editori che pubblicavano guide e raccolte turistiche dedicate alla curiosità del pubblico borghese, interessato alle vedute urbane, ai paesaggi con architetture antiche e ai panorami rurali. Per diversi artisti ciò rappresentava un'occasione lavorativa interessante.

Dalla scienza all'arte

Paul Sandby era un topografo molto rinomato, e suo fratello Thomas, architetto, era autore di progetti notevoli dal punto di vista della resa luminosa ed atmosferica. I loro esordi furono nel disegno militare, presso lo stato maggiore dell'esercito, alla Torre di Londra; originari di Nottingham, erano arrivati in città nel 1742. A volte Thomas accompagnava il duca di Cumberland, generale in capo, nelle sue campagne, ed eseguiva disegni topografici di assoluta precisione, come voleva l'epoca. Nel 1765 venne nominato conservatore aggiunto del Parco di Windsor ed il fratello venne a trovarlo molte volte, per ispirarsi alle bellezze naturali del luogo ed approfondire le forme ammirate nei boschi che poi diverranno materiale vivo per lo stile pittoresco. Dal 1770 al 1771 girò per il Galles e ne trasse le Dodici vedute del Galles in acquatinta. Fin dal 1760 fu il primo ad intitolare acquerelli i suoi paesaggi, mentre gli altri artisti li nominavano ancora disegni a colori o disegni ad acquerello. Sempre nel 1770 realizza il Castello di Windsor, veduta verso ovest dalla terrazza settentrionale, al tramonto; la critica lo considera il primo vero passo che muove dalla topografia al paesaggio.

I fratelli Sandby quindi, pur avendo una preparazione di base scientifica, furono portati dalla loro

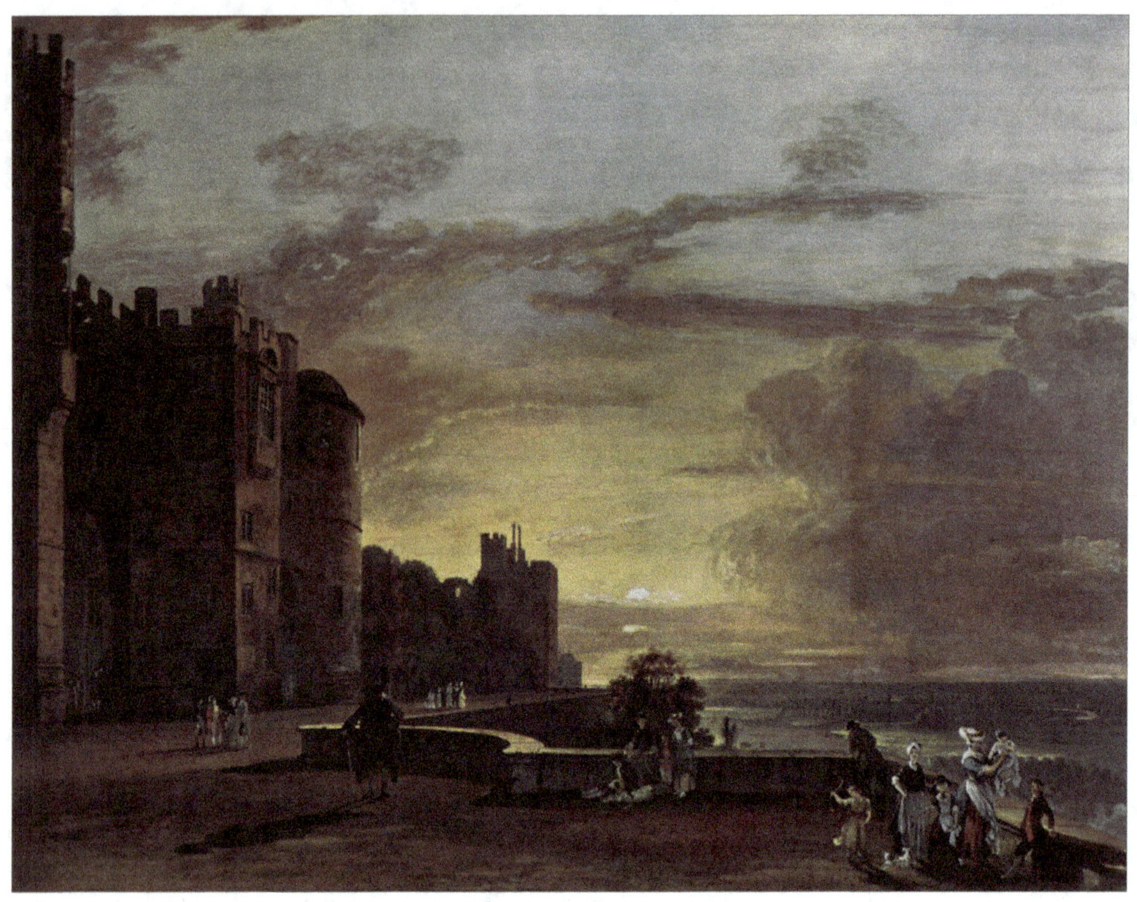

▲ Paul Sandby Windsor castle north terrace

sensibilità a sfociare nell'ambito artistico, e lo fecero tramite l'interesse per la luce ed il fascino che questa esercitava sui loro animi. Il quadro di Paul è invaso dalle sfumature crepuscolari e si concentra sui chiaroscuri marcati che rendono l'immagine estremamente romantica. L'importanza di questo atteggiamento, che sarà uno dei fondamentali per il paesaggismo, risuonerà forte più avanti, nelle parole di Constable "In nessun campo della pittura, come nel paesaggio, si sente tanto immediatamente la necessità o si lamenta tanto la mancanza della sua qualità più attraente: l'effetto generale; non c'è del resto genere di pittura in cui l'artista possa contare di più sui principi di colore e chiaroscuro per ottenere un buon lavoro. Per la capacità di variare l'aspetto di ogni cosa che tocchi, partendo dalla natura del soggetto, l'aiuto del chiaroscuro in nessun luogo è più richiesto che nel paesaggio e per fortuna non c'è soggetto in cui l'artista sia meno controllato nella sua applicazione. Egli dovrebbe veramente padroneggiare questi potenti mezzi espressivi in modo da poterli usare in ogni forma possibile e con la più grande libertà"

Anche Gainsborough muove dalla topografia che gli frutta diverse committenze e gli dà da vivere; tuttavia la sua profonda sensibilità ed il suo talento lo portano lontano dalle esattezze di questa disciplina per aprirlo alle suggestioni dei   dipinti olandesi, di Hobbema, di Ruisdael e forse di Watteau. Sviluppa uno stile leggero, arioso, vagamente naif, come si vede nel ritratto di Robert Andrews con la moglie Frances, dove l'aspetto topografico, che pure è presente, viene diluito in una semplificazione descrittiva tendente un po' alla bidimensionalità.

Ma la sua carriera di pittore lo portò a creare anche dipinti di più intensa luminosità, in bilico tra il romantico ed il drammatico, capaci di evocare situazioni emozionanti e coinvolgenti. Nel suo genio persistette sempre questa attitudine a fare delle sue opere vere e proprie situazioni da vivere, ed in ultimo, si rivolse alla scienza per avvicinarsi ulteriormente a questo obiettivo: insieme all'amico Philippe de Loutherbourg, che era anch'egli pittore ma anche scenografo, realizzò uno spettacolo di proiezioni sonorizzate che chiamò Eidophusikon. Consisteva nell'effetto dato da una lanterna magica dentro la quale si trovavano cinque candele che proiettavano su vetro i suoi paesaggi con l'accompagnamento musicale di Thomas Arne, anch'esso suo amico. La Londra del 1782 apprezzò molto l'invenzione.

Era questa la propensione verso un'arte che portasse allo spettatore le caratteristiche del luogo ritratto: i suoni, i movimenti delle piante scosse dal vento, il fremere della natura; un'arte che Gainsborough interpretò con vera visionarietà ed altezza poetica e che fece dichiarare a Reynolds " Se mai questa nazione dovesse produrre un genio tanto grande da consentirci di aspirare al titolo onorevole di scuola inglese, il nome di Gainsborough passerà ai posteri nella storia dell'arte come uno dei primi di questa nuova scuola."

Un altro artista che procedette con indole scientifica è senz'altro George Stubbs.

Dopo il suo viaggio in Italia, avvenuto nel 1754, si conferma in lui l'idea che la vera ispirazione provenga soltanto dalla natura. Il suo soggiorno nella penisola era stato, come per tanti altri artisti, l'occasione per lo studio della classicità; l'arte greca e romana veniva all'epoca approfondita con questo tour ed era praticamente obbligatorio per coloro che avevano intenti professionali.

Tuttavia Stubbs torna con la ferma volontà di non copiare più i gessi accademici bensì di dedicarsi alle dissezioni anatomiche. La sua carriera era stata già indirizzata in questo senso perché aveva collaborato con le sue illustrazioni ad un trattato di ostetricia per cui, negli anni 1758-1759, si dedicò al suo celebre studio sull'anatomia del cavallo.

Il lavoro si svolse in una fattoria del Lincolnshire, aiutato dalla sua compagna, e per disegnare 36 tavole dissezionò accuratamente una gran quantità di cavalli circondandosi delle loro carcasse che venivano spolpate a diverse profondità, fino a raggiungere lo scheletro. Tale abilità gli veniva dal fatto di essere figlio di un conciatore e certo il macello del quale si circondò in quei 18 mesi di ricerche non dovette turbarlo.

Le tavole riscossero molto successo in tutta Europa ma gli costarono anche l'etichettatura di anatomista e pittore del cavallo, mentre la sua arte spaziava invece dal ritratto al paesaggismo con composizioni articolate ed espressive. Affascinato dall'arte olandese ne colse bene le atmosfere ed il verismo, che sviluppò fortemente negli ultimi lavori; tuttavia fu in grado di concepire anche ambientazioni vagamente magiche, dove la natura è ritratta con una vena animista, come si vede ne Il riposo dopo la caccia del 1770.

I suoi dipinti più rappresentativi sono quelli con scene di caccia, affollate di cani e cavalli che si ritrovano in un ampio spazio descritto da lunghe prospettive. Lo stile arioso, il paesaggio vasto e dai colori tenui, fanno risaltare la perfezione delle figure animali e la conoscenza scientifica della loro struttura. L'effetto non è affatto pedante ma fresco, immediato, pur mantenendo una certa formalità nelle pose dei personaggi che risentono in parte dei canoni della ritrattistica. La battuta di caccia di Lord Grosvenor, del 1762, trova un possente movimento anche nella figura dominante dell'albero che vortica intorno alla preda raggiunta dalla muta di cani.

La pittura di Stubbs trova la sua forza nell'indagine scientifica che viene trasformata in poetica; non si ha in lui una maniera dovuta allo studio medico, bensì un'ispirazione nata dal senso estetico che la realtà gli provoca.

Questa è una delle tante declinazioni artistiche che la natura troverà nella pittura inglese settecentesca e ottocentesca e che farà del paesaggismo una produzione autonoma e pienamente originale.

▲ **23 Studio di nubi con uccelli,** olio su carta 25,5 x 30,5 cm, New Haven, Paul Mellon Collection Yale Center for British art (vedi pag. 69)

Voglia di libertà

L'acquerello può essere considerato la premessa al paesaggismo. Con questo non si intende che fu precedente al genere ma che lo fu molto spesso ad ogni opera paesaggista finita. Prima dell'olio venne l'acquerello, cioè lo studio estemporaneo della scena, capace di fissarne con forza l'atmosfera e la poesia.

Storicamente fu una scelta di libertà nei confronti della topografia e non ebbe all'inizio vita facile: malgrado la sua intensità espressiva, non fu portato allo stesso livello della pittura classica e venne relegato in piccole mostre laterali.

Ci volle del tempo per riconoscere che gli artisti che interpretavano il paesaggio attraverso l'acquerello erano in grado di farlo conferendo all'immagine la levità delle emozioni più intime. La tecnica non aveva quella forza materica dei quadri classici e giocava molto sulle sfumature, sulle velature leggere. Per un'accademia che si concentrava sempre di più sull'esattezza del segno e della pennellata i contorni delicati di un'opera all'acquerello non potevano convincere più di tanto. Eppure era proprio in quello che andava cercata la grandezza di quest'arte: nella capacità di trovare l'esattezza pittorica attraverso un mezzo sfuggente e poco malleabile. Come dire che fissare un'emozione passeggera sarebbe stato finalmente possibile. L'estemporaneità convergeva nella precisione di un momento, i pittori avevano imparato a rendere il proprio tratto semplice e piccolo per ritrarre la grandezza del paesaggio.

Il fogliame, i giochi di luce, il passaggio di piccoli animali, erano tutti soggetti da meditare con un pennello lento e laborioso, in grado di cesellare le forme attraverso le ore di lavoro al cavalletto; invece gli artisti dell'acquerello invertirono tutto il procedimento comprimendolo in tocchi rapidi ed esaustivi. Il colore ad acqua non copre ma macchia, non fa velature ma si sovrappone, tende sempre di più verso lo scuro e non si può schiarire efficacemente.

Una tecnica così diversa non aveva però premesse altrettanto diverse: ciò che premeva agli acquarellisti era fissare con precisione quel che vedevano e che si fondeva con quanto sentivano; la stessa operazione dei paesaggisti ad olio, l'identico sentimento per il paesaggio.

Naturalmente all'interno di questa poetica ogni artista spaziò a suo piacimento traducendo secondo la propria sensibilità gli spunti che la natura offriva; John Robert Cozens, nato nel 1752 ed attivo per circa vent'anni, fino al 1794, anno in cui si manifesterà in lui una malattia mentale che lo porterà a doversi curare seriamente, dipinse acquerelli di impressionante sensibilità capaci di evocare emozioni complesse, non sempre chiare. Il suo stile è evocativo, ricorda momenti di solitudine meditativa e nostalgica, confonde lo spettatore con una miscela di precisione descrittiva e di vacuità narrativa. Ciò che Cozens ritrae trasfigura pur rimanendo fedele a se stesso, diventa un'immagine senza tempo nella quale domina la sospensione di qualsiasi accadimento. Il Lago di Nemi visto in direzione di Genzano ha come centro compositivo la mole dell'edificio posizionato sulla roccia che sovrasta lo specchio d'acqua; potrebbe essere un dipinto in bilico tra il romantico e il pittoresco ma come spesso avviene nei paesaggisti inglesi c'è una sobrietà che colloca l'opera ad un'altezza lirica ben diversa e non disperde la valenza poetica in effetti pittorici troppo intensi. La campagna è illuminata dal chiarore intenso del cielo e si disperde in esso lungo la linea dell'orizzonte; è un effetto atmosferico reale e pittorico allo stesso tempo e rientra pienamente nei caratteri principali del paesaggismo.

Anche per Cozens l'espressione del sentimento è un'operazione complessa, come il sentimento stesso, e non può essere raccontato bensì ricomposto tramite gli elementi che lo hanno provocato e che nel dipinto vengono tradotti in immagine su carta. Nei suoi lavori si coglie lo stato d'animo in apparente quiete che in realtà è fatto di lievi contrapposizioni emotive: c'è un sottile senso di solitudine affievolito dalla bellezza della campagna, si sente la malinconia addolcita dal tramonto, il paesaggio ritratto è senz'altro pervaso dai rumori naturali eppure lo immaginiamo silenzioso perché il punto di osservazione del pittore è lontano e a lui ogni suono arriva debolmente.

La scelta delle ultime ore di luce diurna ricorre spesso nella sua produzione e non è un caso perché quello è il momento che la vita del giorno cede il passo a quella della notte; tale passaggio genera una sorta di tregua, di pace generale. Lo scenario si svuota temporaneamente

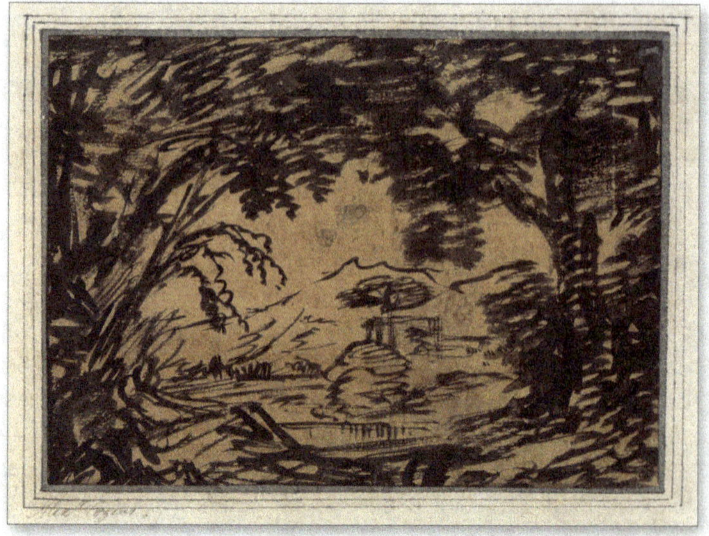

▲ Alexander Cozens - The Glade

per cambiare luce, gli esseri viventi si ritirano o sono pronti per apparire: per un attimo non c'è quasi nessuno. Ed è in quel momento che appare Cozens, come spettatore, lontano dalla scena principale, ad osservare la fine e l'inizio di due eventi continui nel tempo. Non può sentirsi solo perché sa che a breve gli animali notturni inizieranno a muoversi, a cantare, eppure la breve attesa lo sospende in un senso di abbandono che comunque non si compirà, non sarà assoluto così come nessuna emozione si completa nei suoi acquerelli ma rimanda ad un'altra altrettanto incompiuta.

E' questa una delle peculiarità più importanti del paesaggismo: la narrazione è una concatenazione emotiva che non trova mai il suo picco ma scivola di sentimento in sentimento, così come lo sguardo si muove sulle vallate e sui boschi, cambiando sempre la sua prospettiva.

Il pathos di Cozens non è mai sconcerto, esaltazione, felicità o tristezza; è equilibrio instabile, continua necessità di un altro momento che non sia troppo intenso. Più semplicemente "Cozens è solo poesia" come ebbe a dire di lui Constable.

La malattia di Cozens lo portò a passare gli anni dal 1794 al 1797 nella casa di cura del dr. Monro, un collezionista intenditore che gli acquistò numerose opere e che ne ebbe altre in prestito delle quali farà fare la copia da giovani artisti del calibro di Girtin e Constable.

Le loro riunioni di lavoro prenderanno il nome di Monro Academy e Joseph Farington, cronachista della Royal Academy, ricorderà che "Girtin eseguiva il disegno e Turner aggiungeva il colore".

La precisione descrittiva di Thomas Girtin veniva dal suo passato di topografo che si era arricchito anche con la partecipazione agli studi di James Moore in Scozia. Moore era un archeologo dilettante ed aveva voluto con sé il pittore per copiare le rovine e le sculture.

L'apporto del dr. Monro fu molto importante perché mostrò all'artista i paesaggi di Gainsborough; inoltre sir George Beaumont, un altro mecenate, gli aveva offerto la possibilità di studiare Canaletto e Rubens, che erano pittori fondamentali per i paesaggisti inglesi.

Girtin creò una sintesi del tutto personale che si basava sulla sua grande competenza nel disegno e utilizzò le possibilità dell'acquerello portandole alla sintesi del gesto preciso ed evocativo.

Si dedicò al tema del panorama, genere che conobbe molta fortuna alla fine del Settecento, esprimendolo con una tavolozza molto ridotta e utilizzò della carta grezza, dal colore terreo che gli fece da base per le vedute.

Il pennello scorreva senza sosta tracciando linee precise e sinteticamente descrittive, le coltivazioni, le irregolarità del terreno, le linee degli alberi emersero dalle macchie cromatiche finemente distese. Non c'era una costruzione precedente della scena, il paesaggio nasceva estemporaneamente, in pieno spirito acquerellista, e la luce irrorata sul panorama nasceva per esclusione, per detrazione del chiaro ad opera delle parti scure.

Tale atteggiamento metteva in discussione quello di molti e celebri paesaggisti, non ultimo Constable, che si rifacevano alla lezione di Lorrain secondo il quale la linea d'orizzonte fortemente illuminata determinava il carattere del quadro e persino la forza poetica. In lui il cielo aveva la forza della rivelazione e i personaggi ritratti si dovevano rivolgere ad esso per esprimere la propria elevazione. Il senso del classico si manifestava in questo modo, come una luce chiara e positiva.

Girtin dipinge paesaggi assolati il cui cielo è pervaso di una luce vuota, non metaforica, ampia ed omogenea come di fatto in natura è.

Purtroppo il suo talento ebbe poco tempo per esprimersi perché la tubercolosi lo uccise a soli 27. Turner riconobbe sempre la sua grandezza ed ebbe a dire che "Se il povero Tom avesse continuato a vivere, io sarei morto di fame".

Nell'Estuario del fiume Taw, Devon, il pittore spartì sapientemente il dipinto in tre zone: con quella più bassa, vuota e di colore ocra, rappresentò un tratto di terreno brullo, senza vita; in quella più alta, molto chiara, espresse la grandezza desolata del cielo, ed in mezzo, come un cuneo fra queste due ampie aree, descrisse il paesaggio abitato dalla natura, sottile ed orizzontale, come prevedeva il suo stile, fatto di linee increspate che si incrociano ed incastrano l'una nell'altra. Una sintesi estrema.

Immaginare mentre si dipinge

Le linee portanti del paesaggismo non furono mai rigide dal momento che si trattò di un genere completo e aperto ad ogni possibile interpretazione. Ciò che gli artisti trovarono in esso fu un mezzo espressivo che incarnava l'emotività umana senza mai rivolgersi alla figura di questa.

Si potrebbe però pensare che il pittore paesaggista avesse come vincolo imprescindibile quello di copiare quanto meno le altre forme della natura, o quelle architettoniche ma non fu così.

Alexander Cozens mise in discussione il primato della figura e dello studio dal vero per dare preminenza alla forza dell'immaginazione.

Padre di John Robert, al quale diede lezioni del suo metodo creativo, si concentrò sulla possibilità di interpretare l'assenza di una forma definita per trarne una capace di descrivere con esattezza il soggetto che in essa si poteva intravedere. Un procedimento anche psicologico, che ricorda subito le macchie di Rorchasch apparse negli anni Venti del Novecento. Alexander Cozens sosteneva che "Sono la potenza dell'arte e dell'invenzione a conferire bellezza pittorica e forza caratteristica all'opera del paesaggista. La composizione e l'invenzione di un paesaggio non consistono nell'imitazione pedissequa della natura; è qualche cosa in più","Si trascorre troppo tempo a copiare le opere di altri. E io non esito ad affermare che si passa anche troppo tempo a copiare la natura stessa." Partendo dalle macchie Cozens apriva la strada ad un nuovo modo di intendere la pittura, una via che Turner prenderà seriamente in considerazione e che poi confluirà nella sua pittura basata sul dilagare del colore a scapito del disegno.

Importante in questo pittore è anche la presenza assoluta del gesto, altra componente che si oppone all'esattezza del disegno; in lui ciò che traccia l'immagine non è una struttura chiusa e autoportante, è invece l'apparire immediato di qualcosa che attende l'oggettivazione la quale, a sua volta, fluttua nell'animo di chi la interpreta e le dà significato. La stessa macchia potrebbe concludersi in due dipinti diversi, a seconda di chi la traducesse, perciò non è un inizio predefinito ma uno spunto potenziale che non determina il significato dell'opera finita. La congruenza con il paesaggismo la si può trovare nel fatto che una vallata in sé non è che uno scenario e che soltanto il pittore si prende l'onere di trasfigurarla in un'immagine espressiva. Come detto più volte non ci si trova davanti al volto umano, o al gesto, che sono forme direttamente connesse allo spettatore e con le quali c'è quindi una forma di immedesimazione privilegiata; ci si sofferma invece di fronte a qualcosa che ha vita propria e non possiede un linguaggio diretto: il suo solo modo di comunicare è la sua presenza, che prescinde da noi, e che a noi si collega tramite un rapporto di causa effetto, quindi impersonale. Pertanto considerare possibile il fatto di vedere uno scenario all'interno di macchie inizialmente informi può equivalere alla volontà di rendere emozionante un bosco che prima ci coinvolge soltanto a livello estetico e sensoriale, e poi diventa il contesto disponibile ad una proiezione dell'esistenza umana, cioè ad un'idea del vivere.

Va poi sottolineato un altro aspetto dell'estetica di Cozens: il ricorso alla memoria. Nel caso dei paesaggisti canonicamente figurativi l'immagine che essi rappresentavano era una riproduzione di ciò che avevano visto, seppure reinterpretata. I dipinti di Constable ritraevano scenari che i suoi ammiratori andavano a ritrovare compiendo escursioni volte a questo scopo; quindi quel che rimaneva sulla tela era ciò che inequivocabilmente l'occhio dello spettatore avrebbe potuto rivedere dal vero. Ma nel caso di Cozens, che parte da un suggerimento in forma di macchia, c'è assoluto bisogno della memoria, cioè di quel bagaglio di immagini già composte e pronte ad aderire su una traccia casuale, cioè non legata ad una specifica causalità ma al richiamo di una delle tante possibili che la mente si affretta a rendere effettiva. Per questo motivo tale procedimento ha anche carattere psicologico dal momento che la scelta immediata delle riminiscenze coinvolge una scala di valori profonda della quale l'artista è più o meno consapevole. Si tratta di un arricchimento per chi compie l'opera, di un coinvolgimento su più livelli in grado di destare il desiderio di atmosfere non immediate e necessariamente evocate con un ulteriore sforzo creativo.

Questo forte richiamo all'immaginazione ci appare estremamente attuale o ancor meglio senza tempo; quel che mosse Cozens fu probabilmente la reazione ai vincoli del procedimento topografico, disciplina con la quale si è constatato che diversi artisti dovettero confrontarsi al solo fine di guadagnarsi da vivere e che tuttavia si trova alla base di molta produzione paesaggista. Cozens scalzò via del tutto i processi esatti del disegno descrittivo e tornò alla fonte del segno, rigenerando da quella la possibilità di rappresentare.

Certo non fu il solo artista a fare delle sperimentazioni di questo genere dal momento che nel corso dei secoli precedenti altri talenti si erano impegnati in tal senso; ma in questa sede il suo lavoro appare interessante perché in qualche modo rimase avulso dalla produzione artistica a lui contemporanea. Le sue considerazioni in merito si riversarono nel trattato *Un nuovo metodo per aiutare l'inventiva nel disegnare composizioni originali di paesaggio* del 1785. Un testo che proponeva di abbandonare il naturalismo a vantaggio della fantasia e che metteva in risalto l'esperienza di insegnante che l'artista aveva maturato nel corso della vita dando lezioni di disegno a giovani di famiglia aristocratica tra i quali anche i figli di Giorgio III.

Un piccolo quaderno conservato al British Museum testimonia inoltre il percorso didattico che dedicò al figlio.

Rimangono di lui anche le Sedici macchie che incise all'acquatinta per illustrare il suo trattato.

Va ricordato in ultimo che fu uno dei primi artisti a dedicarsi allo studio delle nuvole, sia per il loro significato meteorologico che per quello estetico, e che venne perciò studiato e copiato da Joseph Wright of Derby e da Constable.

In cammino verso il Novecento

"**H**o avuto la fortuna di incontrare un ometto di una certa età, divertente e dotato di grande senso dell'umorismo, che probabilmente mi sarà compagno per tutto il viaggio. Si sporge continuamente dalla carrozza per fare degli schizzi […] e si è infuriato perché il postiglione non ha voluto aspettare che terminasse un'alba a Macerata […]. Sa solo qualche parola di italiano e poche di più di francese e mescola le due lingue con effetti esilaranti. Il suo buonumore, tuttavia, lo tira fuori da ogni difficoltà […]. A giudicare dalla sua conversazione, è evidentemente molto vicino agli ambienti degli artisti, se non lo è egli stesso. Il nome sui bagagli è J.M.W.Turner".

Sono le parole di un viaggiatore che nel 1829 descrisse in una lettera uno dei pittori fondamentali del paesaggismo inglese con il quale ebbe la fortuna di condividere un po' della sua strada.

Joseph Mallord William Turner avrebbe portato il genere alle porte del Novecento grazie all'intensità espressiva del suo stile e allo scardinamento delle regole pittoriche che ne costituivano lo scheletro. Allievo anch'esso di un topografo, Thomas Malton il Giovane, sarebbe poi passato nello studio di Edward Dayes per intraprendere la carriera di pittore così come aveva voluto anche suo padre.

Nel 1789 venne ammesso ai corsi dell'Accademia dove studiò le opere dei maestri e dei classici, dal 1794 al 1797 frequentò, come detto, la Monro Academy, insieme all'amico Girtin, e conobbe l'opera suggestiva di John Robert Cozens che gli fece conoscere effettivamente il mondo del paesaggismo.

I suoi primi passi in questo mondo lo portarono nelle tinte del pittoresco, alle quali però presto sostituì quelle del sublime, per una visione più tragica della scena. Devoto ed antagonista di Lorrain si misurerà a lungo con le tele del grande maestro, riprendendone i temi dell'orizzonte e della luminosità; ma saranno i suoi viaggi frequenti a fargli riconsiderare quest'ultima, in particolare dopo il soggiorno romano del 1819, e a condurlo verso una visione della pittura scomposta nella luce intensa ed inscindibile dal colore. La sua poetica virerà verso il Romanticismo approfondendo sempre più le forze emotive di cui l'opera pittorica è capace.

Anche Venezia lo ispirerà fortemente e ad essa dedicherà molti dipinti scintillanti che alternerà però a quelli suggeriti dai viaggi in Europa: in Svizzera e in Renania dove ammirerà la luce nordica più fredda e meno avvolgente.

Entrato a far parte della Royal Academy si dedicherà ai temi storici, secondo i gusti dell'epoca, e realizzerà opere potenti come la Tempesta di neve: Annibale e il suo esercito valicano le Alpi del 1812. In questo dipinto gli elementi naturali assumono un ruolo fondamentale ed atterriscono le figure umane con la loro forza immensa; Turner ha iniziato ad esplorare un'ulteriore sfera dell'espressione che si basa sulla paura. Per ottenere il maggior effetto possibile conferisce una forma ferina alle nuvole le quali toccando la terra nella loro pesantezza si impennano al di sopra dell'esercito per poi sospendersi nell'attesa di scagliarsi sopra di esso. Il sole sta per scomparire ma nell'istante fissato dal pittore è ancora visibile come se fosse l'occhio giallo della belva che sceglie le sue prede. Turner indaga l'incubo, evoca le fobie liberate dal sonno, distrugge le leggi della natura come fa l'onirico e lascia gli uomini in balia del mostruoso.

Sembra di sentire il rombo dell'acqua che precipita dal cielo e tutto perderebbe la scala delle grandezze se non fosse che i soldati sono lì a ristabilire le proporzioni.

Gli elementi della natura rappresentano pertanto una fonte intensa di ispirazione per questo pittore e ad essi si rivolge con molte altre opere. Ma le ambientazioni non sono esclusivamente naturali, come nel caso dei nove acquerelli che forse rappresentano l'incendio di Westminster del 1834.

Turner potè osservare l'evento da un battello sul quale salì appositamente insieme ad altri artisti.
Il Parlamento in fiamme comparirà comunque in due tele del 1835 dove il tema del fuoco verrà espresso con la violenza dei colori e i suoi riflessi incandescenti si espanderanno sul paesaggio circostante rendendolo liquido ed evanescente.
Ma il paesaggismo in Turner non si ferma a questo ed include anche un numero altissimo di marine nelle quali riversa la sua potente vena narrativa. Per apprezzarne la peculiarità si può partire da uno dei tanti titoli: Tempesta di neve: un piroscafo all'uscita di un porto avanza con lo scandaglio in acque poco profonde lanciando segnali si pericolo.
In tele come questa si fondono la poetica sublime dell'uomo al cospetto dell'immensa natura, del paesaggio inteso come scena drammatica della vita umana, della pittura quale espressione teatrale ed emotiva dell'animo.
La pittura paesaggista, nella maggior parte delle sue manifestazioni, e senz'altro anche nel caso di Turner, si accosta alle suggestioni del romanzo; in essa convivono l'esigenza del ritrarre figurativamente i soggetti che vuole narrare e quella di riportare le loro storie, che si dispiegano sulla tela tramite descrizioni ambientali ed avvenimenti. Solitamente lo fa con uno stile disteso, affidandosi alla carica realistica della scena naturale che propone una situazione in modo indiretto, quieto. Differente è il caso della pittura con soggetto storico che incentra tutto sui personaggi e su quanto stanno compiendo.
In Turner c'è una miscela di tutto questo ed ogni dipinto si risolve in un'alchimia figurativa che trascende la materialità aprendosi all'astrazione. Anche in lui c'è il romanzo ma allo stesso tempo troviamo il quadro puro, cioè l'espressività autonoma delle immagini. Tale autonomia si evolve secondo linee che portano all'informale "Qui noi citiamo Turner, il paesaggista contemporaneo più competente, i cui dipinti, tuttavia, sono troppo delle prospettive aree e rappresentano meno gli oggetti naturali che il mezzo attraverso il quali li vediamo. Sono il trionfo dell'abilità dell'artista […] sulla povertà del soggetto. Sono rappresentazioni dei vari elementi: l'aria, al terra, l'acqua. L'artista risale con delizia al caos primordiale, quando le acque furono divise dalla terraferma, la luce dalle tenebre...Tutto è informe e vuoto. Qualcuno ha detto di questi paesaggi che sono rappresentazioni del nulla, ma molto somiglianti."
Così il saggista William Hazlitt, nel 1816, descriveva la pittura di Turner che sperimentava un uso talmente accentuato della luce da cederle il ruolo principale per arrivare a surclassare il chiaroscuro.
Lui non faceva apparire le cose tramite il dosaggio dell'ombra in equilibrio con quello del chiarore, lui fondava tutto sul bianco e sopra di esso dipingeva il resto. Gli artisti che si ispiravano al suo stile, ed egli stesso, furono detti infatti i pittori bianchi e non incontrarono sempre il pieno plauso del pubblico. Ma la rivoluzione andava avanti e Turner non tradiva alcun ripensamento; Constable disse "si è sorpassato: sembra dipingere con vapore colorato, evanescente e aereo".

La sua tecnica valicava i dettami della tradizione perché portava nella pittura a olio i procedimenti dell'acquerello togliendole, secondo gli accademici, dignità. Tuttavia in un articolo del Times si leggerà "Nessuno dei colleghi sembra aver avuto alcun dubbio riguardo alla sua eccellenza e i migliori fra essi ne hanno sempre riconosciuto la superiorità per la poesia, la sensibilità, la fantasia e il genio [...] Anche coloro che non hanno saputo far altro che sogghignare e dileggiare di fronte alla fiammata fantastica dei suoi colori […] si attardavano davanti all'ultimo Turner che brillava sui muri della Royal Academy". I luoghi di Turner, per quanto rarefatti dall'esplosione luminosa, avevano sempre rappresentato un punto preciso dove l'emotività dello spettatore poteva liberarsi e stupirsi della propria ampiezza.

Ciò che il pittore era riuscito a concretizzare non era del tutto visibile ma proprio per questo aveva una tangibilità nel sentimento di chi osservava la sua opera. A scapito della descrizione paesaggistica Turner si era prefisso di ricreare un'ambientazione fatta esclusivamente di impressioni, che erano le stesse che il quadro di paesaggio ricercava tramite il ritratto naturale. Ovviamente questo intento aveva comportato il più ampio coinvolgimento del materiale poetico, cioè del colore, della luminosità, delle sfumature. La pittura non si centellinava sui riflessi delle foglie bagnate dall'umidità ma sui contrasti incorporei dell'orizzonte. La stessa luce si espandeva nel cielo e sulla terra, le leggi naturali si slegavano da ogni meccanismo; eppure anche questo era paesaggismo. Questo genere di pittura conobbe ancora molte declinazioni, legate spesso ai processi sociali e storici del periodo: vi furono artisti che celebrarono il colonialismo inglese ritraendo i luoghi esotici nei quali la propria patria espandeva il suo impero. L'Oriente, l'Egitto, il Mediterraneo, fornirono scenari suggestivi ai pennelli di molti artisti ed il paesaggismo ampliò fortemente i propri confini. Ma seppe valorizzare anche quelli più prossimi delle campagne vicino Londra dove, fin da ragazzo, Constable camminò con un cavalletto leggero al seguito, per ritrarre mirabilmente le sue colline.

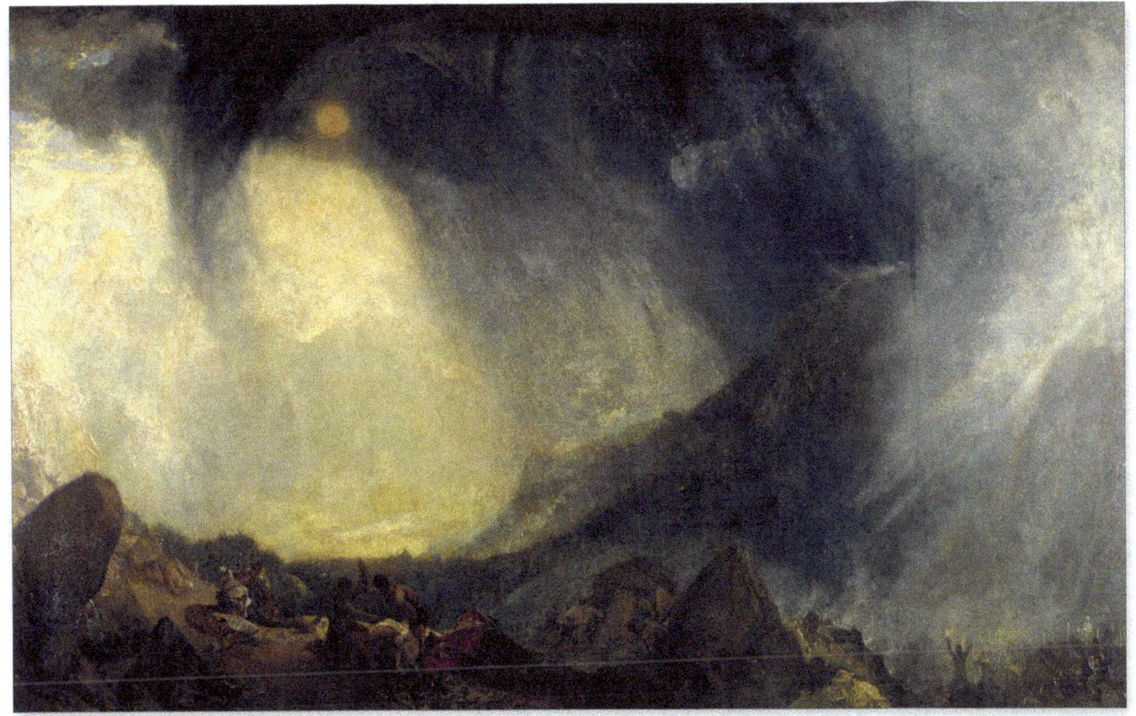

▲ **William Turner, Tempesta di neve: Annibale attraversa le Alpi,** olio su tela 146 x 237,5 cm, Londra, Tate Britain Gallery

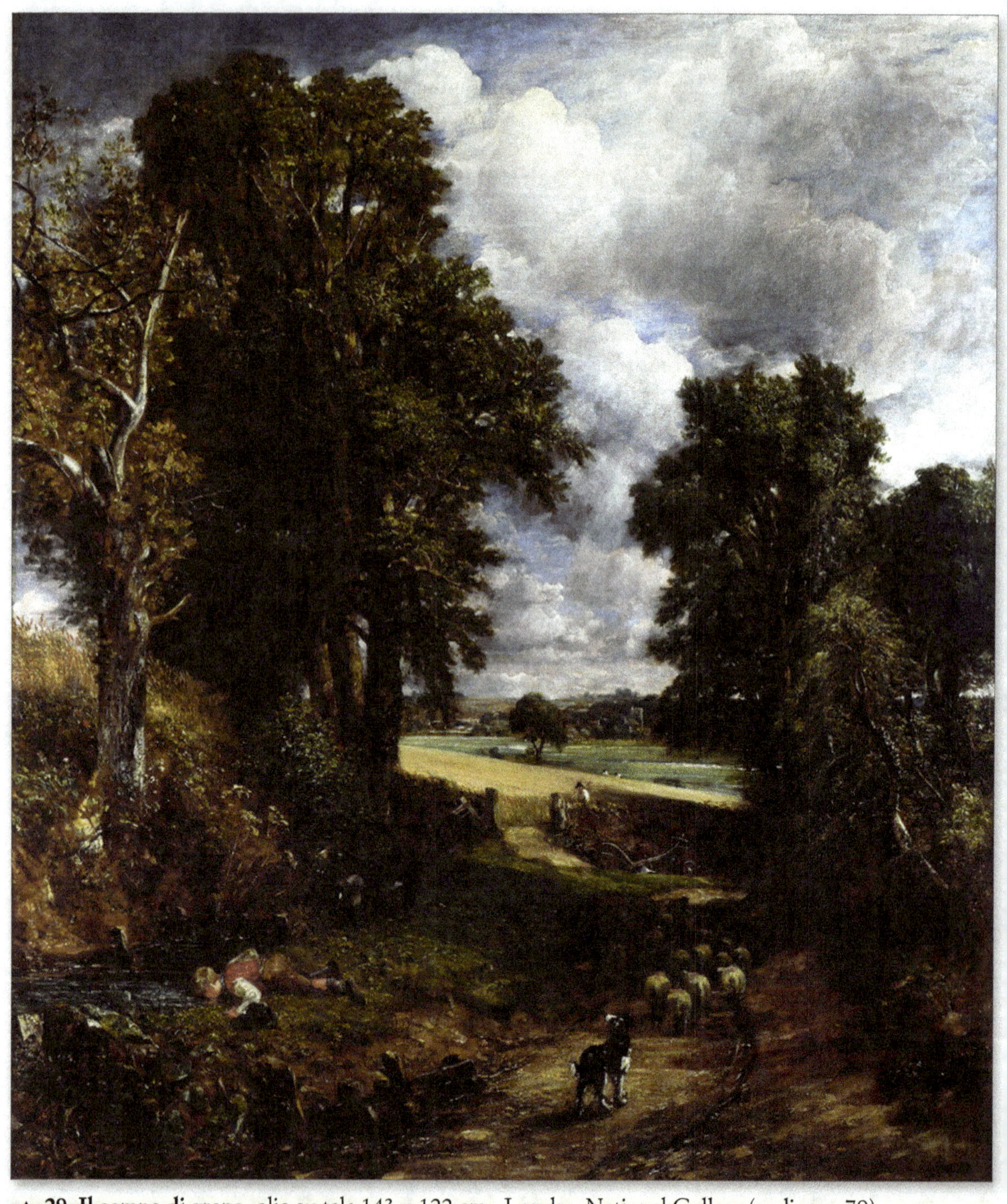

▲ **29 Il campo di grano,** olio su tela 143 x 122 cm, Londra, National Gallery (vedi pag. 79)

PERIODO STORICO

Una sedimentazione autoritaria dei wighs caratterizzò la politica interna dell'Inghilterra fino al 1760, quando Giorgio III, successore di suo nonno Giorgio II, prese il suo posto e con esso il timone di una guida del regno intesa in modo più autoritario e personale.

Le grandi famiglie dell'aristocrazia avevano controllato virtualmente la maggior parte dei collegi elettorali, in particolar modo quelli dei borghi, nei quali vi erano pochissimi elettori soggetti al volere dei proprietari locali. La disinvoltura di quest'ultimi era conclamata dal fatto che il voto non fosse neanche segreto e venisse utilizzato per dividere fra i pochi capi favori e privilegi a loro esclusivo appannaggio.

I borghi putridi, così denominati proprio per la politica prevaricante in essi attiva, rappresentavano l'espressione dei wighs i quali, non contrastati dal vecchio re, erano padroni della Camera dei lord ed avevano predominanza anche in quella dei Comuni.

Il partito, precedentemente capitanato da personaggi come Marlborough e Sunderland, stava trovando nuovi dirigenti nelle persone di Townshend, Stanhope, Pulteney, Carteret; ma il nome che si impose veramente tra tutti fu quello di Robert Walpole.

Questo abile statista divenne capo del governo nel 1724, durante il regno di Giorgio I, e rimase in carica oltre il suo trono durato fino al 1727 per arrivare al 1742, sotto Giorgio II.

Le linee portanti della sua politica si sintetizzavano bene nel celebre motto "il re regna e non governa" e trovavano concretezza nelle funzioni importanti del primo ministro che assolveva il compito di tramite tra il re e il governo.

Tale importanza di ruolo era stata raggiungibile grazie alla fondamentale estraneità della casa regnante nei confronti dell'Inghilterra: la dinastia degli Hannover, infatti, sentiva molto di più i suoi legami con il vecchio dominio germanico e non aveva famigliarità con la lingua e i costumi inglesi. Una simile discrepanza tra la loro preparazione ed il territorio sul quale andavano a regnare era stata la frattura utile al passaggio della politica di Walpole che volle rafforzare l'autorità del parlamento e confinare i due re al ruolo di semplici funzionari rappresentativi.

Walpole conosceva bene il complesso meccanismo politico che muoveva il paese e vi interpose la sua azione consolidando il sistema costituzionale parlamentare in grado di portare l'Inghilterra verso un periodo di sviluppo economico molto proficuo. Applicò delle riforme basate sul libero scambio, promuovendo l'importazione di materie prime e l'esportazione di prodotti manifatturati. Promosse la libertà commerciale delle colonie e raddoppiò la cifra globale delle esportazioni preparando l'ascesa di grandi poli economici odierni quali Bristol, Manchester, Birmingham e Liverpool.

L'importanza che diede alla politica interna gli suggerì di condurre quella estera all'insegna del pacifismo e dell'accordo con le potenze borboniche di Spagna e di Francia. Con questa sottoscrisse pertanto, tramite il cardinale Fleury che all'epoca la governava, un'intesa cordiale grazie alla quale mantenne l'Inghilterra al di fuori della crisi internazionale dovuta alla guerra di successione di Polonia. Walpole era il punto di arrivo di un percorso politico che aveva decretato la fine degli Stuart e l'avvento di una casata, gli Hannover, dimostratasi lontana dalla realtà del paese, come visto. Rappresentava altresì la maturazione del sistema governativo che si era generato spontaneamente proprio dalla cedevolezza della dinastia al potere ed era stato portato avanti dalla classe aristocratica impegnata a guadagnare terreno per i propri interessi a danno della corona.

Ma questo processo trovava da sempre avversione nel partito tory che invece propendeva per l'autorità reale. Ciò che aveva lasciato in equilibrio la situazione era stato il fatto che i Hannover si appoggiavano comunque ai wighs perché erano apertamente antistuardisti, mentre i tories simpatizzavano per la dinastia espulsa. Ne venne che fino a quando il pericolo degli Stuart fu reale, cioè fin verso la metà del secolo, i wighs non ebbero difficoltà nel gestire ed allargare i propri interessi ed il loro operato si consolidò a tal punto da diventare concreta azione costituzionale.

Pertanto Walpole fu forte fin da subito di quell'assetto politico autoportante che non trovava contraddizioni già nelle sfere più alte. In più i risultati ottenuti, cioè l'arricchimento portato alle classi più in vista grazie alle sue manovre in ambito economico, lo sostennero ulteriormente e fecero di lui un riferimento attivo nella creazione del solido intreccio di favoritismi e clientelismi che di fatto bloccarono l'effettiva vita parlamentare del paese.

Tutto ciò portò ad un alto grado di corruzione che determinò la degenerazione della classe politica e della morale dell'Inghilterra dell'epoca; uno stato che fu criticato nel campo religioso da Wesley ed in quello politico da Pitt il Vecchio. Quest'ultimo in particolare fu da subito in aperta polemica con Walpole, fin dal suo primo ingresso in parlamento, ed affermò che il bene primario fosse il risanamento della vita pubblica. La sua figura imponente, vestita con ricercatezza, l'oratoria veemente e gli atteggiamenti teatrali contrastarono e allo stesso tempo fecero breccia nel parlamento abituato a costumi più morigerati. Ma più ancora lo fece la lotta portata avanti contro il pacifismo ad oltranza del primo ministro che ebbe presa quando questo si rivelò vantaggioso soltanto per l'espansione navale e coloniale della Francia e della Spagna.

Così nel 1742, dopo lo scoppio della guerra di successione d'Austria, Pitt ebbe la sua vittoria contro Walpole al quale fu imposto di abbandonare il governo e la Camera dei comuni per rimanere esclusivamente membro della Camera dei Lord. Tale risoluzione fu dovuta al fatto che la Francia e la Spagna, impegnatesi attivamente nel conflitto bellico, ottennero la vittoria sull'Austria e si avvantaggiarono la prima sul Reno, la seconda sull'Italia. Questa situazione preoccupò fortemente gli inglesi, persino i militanti tra le fila dei wighs, tanto che alcuni di loro formarono all'interno del partito un raggruppamento detto dei patrioti che avversarono il ministro e promossero un atteggiamento più aggressivo in campo internazionale. Walpole inizialmente tentò di calmare gli animi assecondandoli col dichiarare guerra alla Spagna in campo coloniale nel 1739, ma la sua iniziativa naufragò quando il conflitto si allargò alla Francia e si intrecciò con le sorti della guerra di successione d'Austria.

La parabola di Walpole si era così conclusa ma quella di Pitt stava per alzarsi fino alla guida del Ministero della guerra, concessogli nel 1757, e grazie al quale poté impegnarsi a sfavore delle due monarchie borboniche che tanto insidiavano la sua patria. Pitt si mosse per contrastare la Francia che aveva tolto Minorca all'Inghilterra e che serrava il suo alleato, Federico II di Prussia, in una morsa stretta dall'unione franco-austro-russa. Prese il sopravvento nelle acque europee e in India, dove lord Clive vinse i francesi, e così fece anche in America, aggiudicandosi, sempre a svantaggio della Francia, il Canada.

Tali successi fecero sorgere però in lui il timore che la Spagna si sarebbe mossa in aiuto di Luigi XV e progettò pertanto un'azione preventiva che però non trovò l'accordo del governo. Molti dei suoi colleghi, invidiosi per l'ascesa che aveva compiuto in quegli anni, approfittarono del clima sfavorevole e si unirono alla volontà del nuovo re Giorgio III di estrometterlo dal potere.

Così l'Inghilterra era giunta finalmente ad un re nato in patria, che parlava la sua lingua e non si sentiva, come i suoi predecessori Giorgio I e Giorgio II, estraneo al comando di un regno toccato alla sua dinastia.

L'atteggiamento dei wighs subì un brutto colpo perché l'autorità regale tornava a rinvigorirsi e con essa quella dei tories che erano schierati apertamente con essa. Tuttavia il re non concesse loro più di tanto e raggruppò una parte del parlamento sotto l'insegna dell'aperta lealtà nei suoi confronti. Con questa sessantina di membri scelti agì in modo da logorare la vecchia pratica dei wighs di comporre i ministeri a loro piacimento e conclamò la sua azione eleggendo a primo ministro, nel 1783, William Pitt detto Pitt il giovane. A soli ventiquattro anni il figlio di Pitt detto il vecchio ricoprì con successo la prestigiosa carica e si conquistò l'appoggio dell'opinione pubblica che era stanca della corruzione dilagante in ambito politico.

Contemporaneamente l'Inghilterra pagava in parte il prezzo del suo immobilismo internazionale e allo stesso tempo godeva dei successi già citati dello spregiudicato lord Clive e di Warren Hasting, che assicuravano nuovi domini in India, nonché del nuovo espansionismo in Australia dovuto alle fortunate esplorazioni di James Cook, un navigatore che aveva prestato servizio nella marina reale durante la guerra dei Sette anni e partecipato alla presa di Quebec in Canada per poi diventare celebre grazie alle sue scoperte di terre ignote.

A tali successi si aggiungevano quelli raggiunti in ambito tecnologico da Arkwright, Crompton, Watt, Cartright , Hargreaves, che fondavano le basi della moderna industria siderurgica e tessile. Le fonti del sottosuolo trovavano largo impiego alimentando le catene di lavoro cui erano chiamate grandi masse di lavoratori. Il sistema di comunicazione stradale e dei canali veniva sviluppato intensamente a fronte di una popolazione che stava crescendo dai cinque milioni di individui di inizio secolo ai sei complessivi al momento della salita al trono di Giorgio III fino ai nove milioni contati nel 1801.

Tra gli effetti della rivoluzione industriale ci fu lo spopolamento delle campagne causato anche dall'inversione di tendenza all'esportazione di cereali che fino al 1769 era stata fondamentale per l'economia rurale ma che successivamente aveva visto il paese diventare un forte importatore.

Gravi squilibri stavano formandosi e forti sofferenze sociali che non trovavano conforto in nessun intervento del governo o da parte del re. Inoltre, l'astro della rivoluzione francese, che tanto aveva mosso gli animi in cerca di diritti e libertà, altro non fu che l'occasione per un indurimento della politica interna anche verso le aperture liberali invocate da parte delle classi più benestanti. Il Terrore poi succedutosi in seguito ai moti rivoluzionari aveva messo a tacere qualsiasi simpatia nei confronti della nuova situazione francese.

Il 1° febbraio 1793 l'Inghilterra aprì nuovamente i conflitti con la Francia sul piano continentale, navale e coloniale che si interruppero momentaneamente soltanto nel marzo 1802 con la pace di Amiens e che la videro assolutamente vittoriosa sul mare ma in situazione di inferiorità sulla terra. La situazione al momento dell'armistizio era quella di un'intollerabile presenza francese nel Belgio e di un altrettanto intollerabile consolidamento inglese nel mediterraneo questa volta a dispetto dei piani di Napoleone. Pertanto il trattato non ebbe validità a lungo e quest'ultimo tentò di fomentare le rivolte nell'Irlanda che Pitt aveva voluto legare all'Inghilterra nel 1800 con l'Atto di unione, mentre il governo inglese, a sua volta, organizzò la caccia marittima ai convogli francesi e favorì i tentativi realisti in Francia.

Le ostilità effettive ripresero, ancora con Pitt, nel 1804, e videro l'Inghilterra alleata con la Russia, la Prussia e l'Austria. Vi furono diversi insuccessi che permisero alla nazione contrapposta di espandersi ulteriormente a livello continentale ma l'Inghilterra ebbe comunque modo di completare la conquista dell'India e di espandere i propri possessi in Canada in direzione del Pacifico.

Nel gennaio del 1806 morì Pitt ma con lui non la lotta contro l'azione napoleonica; i tories rimasero alla guida e fu costituito un grande ministero di unione nazionale che durò circa un anno.

Con i trattati di Parigi del 30 maggio 1814, di Vienna del 9 giugno 1815 e del secondo trattato di Parigi siglato il 20 novembre 1815, la Francia fu ridimensionata nei suoi vecchi confini. L'Inghilterra acquisì ancora più peso coloniale attribuendosi Ceylon, la Guiana, Tobago, la Colonia del Capo, Helgoland, Malta e il protettorato sulle Isole Ionie.

La fine della guerra contro l'egemonia di Napoleone, durata per più di vent'anni, portò molti vantaggi a livello politico ed economico ma anche diverse difficoltà nell'economia interna: lo sforzo bellico era stato enorme, perciò davvero costoso, ed anche i sussidi messi a disposizione degli alleati avevano avuto un peso considerevole sulle finanze inglesi. Oltre a questo l'avvenuta soppressione del blocco continentale a danno dell'Inghilterra e la conseguente apertura all'importazione di grano estero a buon mercato causò il protezionismo agrario ad opera dei grandi proprietari fondiari che determinarono il prezzo alto del pane e della vita in generale.

La vita nelle campagne si fece difficile e le famiglie si spostarono in massa verso le città dove diedero vita a sobborghi affollati e male organizzati.

I poveri e i senza tetto vennero iscritti in liste parrocchiali e di pubblico sostentamento che però, essendo sovvenzionate dai ricchi possidenti, legavano ad essi la popolazione aiutata sottoponendola ad uno sfruttamento sproporzionato a fronte del sussidio ricevuto.

Il meccanismo politico che amministrava il paese era antiquato e manteneva in essere l'equilibrio tra wighs e tories che si contrapponevano soltanto in merito al peso dell'autorità regia. Per il resto non c'era una reale discussione né il tentativo di migliorare la realtà contemporanea; l'elite agricola del sud est schiacciava con la sua rilevanza la borghesia nascente del nord ovest, ed ancora di più le masse operaie e quelle indigenti ad essa subordinate.

Dal 1810 Re Giorgio III non aveva più ormai alcun ruolo dal momento che la sua insanità mentale, manifestatasi in una prima e fugace occasione nel 1765 e poi riapparsa nel 1788 così duramente da costargli una sorta di internamento totale, aveva avuto giovamento dalle cure del dott. Willis che sembrava lo avesse del tutto ristabilito ma, anche in seguito alla morte della figlia Amalia,si era nuovamente aggravata fino a renderlo incapace del tutto di intendere e volere, al punto da essere chiuso per i successivi dieci anni in una sorta di prigionia medica nel castello di Windsor.

Suo figlio, che aveva ereditato anzitempo il trono, proprio nel 1810, ereditò a tutti gli effetti la corona nel 1820, alla morte del padre. Già da ragazzo si era dimostrato incline ai lussi smodati e povero di coscienza; eletto re la sua condizione, minata dagli ingenti debiti pregressi, migliorò grazie ai fondi percepiti dal parlamento in occasione del suo matrimonio; fondi che non tardò a sperperare in follie e capricci e dei quali il padre non poté occuparsi nei periodi di decadimento mentale.

Pertanto la politica reale non contribuì positivamente alla vita del paese e la reazione al pesante clima sociale venne dai rinnovati partiti dei wighs e dei tories. Questi ultimi ottennero alcune riforme volte a ridurre le tensioni nella popolazione: si ebbe la riduzione dei diritti doganali su molte merci d'importazione, la legge che permetteva agli operai di riunirsi in sindacati, il diritto allo sciopero, il miglioramento delle condizioni degli schiavi impiegati nelle colonie, l'alleggerimento delle leggi a scapito dei cattolici che sfociò nel riconoscimento dei pari diritti politici e civili dei quali già godevano gli anglicani.

La prevalenza dei tories, quali forza di governo, si spinse a volere la riforma del sistema elettorale, ed anche il partito dei wighs, in primo luogo nella persona del capo lord Grey, seguì in parte l'evoluzione di tale cambiamento. Nel 1830 questa situazione trovò espressione in una coalizione tra le due parti alla cui guida fu messo Grey.

La prima riforma che se ne ottenne fu quella di estendere il diritto di voto a chiunque fosse proprietario o locatario di un immobile che rappresentasse una rendita annua di almeno 10 sterline. Gli elettori aumentarono pertanto dai 430 ai 650 mila in una popolazione di circa 16 milioni di abitanti. Tale progresso fu tutto ad appannaggio della sola borghesia ma costituì comunque un importante avanzamento per il sistema democratico del paese dal momento che minò la potenza parlamentare dell'aristocrazia fondiaria.

L'evoluzione fu anche interna ai partiti ed il tory trovò nuova guida in Robert Peel che nel 1832 provvide alla sua riorganizzazione traendone il nuovo partito conservatore, in opposizione a quello radicale di O'Connell. Il suo atteggiamento fu di accettazione in merito ai cambiamenti in atto e ritenne opportuno ultimare il processo di soppressione che stava interessando il vecchio sistema di abusi del quale avevano approfittato i ricchi proprietari del passato.

I wighs dal canto loro vollero invece formare un nuovo raggruppamento liberale.

Ma il fondo sopra il quale si agitavano queste correnti politiche rimaneva pur sempre quello delle classi meno fortunate che contavano lunghe fila di operai sfruttati fino allo sfinimento e soggette agli eccessi dell'industrialismo.

I proprietari delle fabbriche bloccavano a loro piacimento le produzioni quando queste si facevano eccessive a fronte delle richieste di mercato e non si curavano di mantenere integro il salario già basso dei lavoratori. Quest'ultimi erano costretti a vivere in condizioni miserrime, accalcati in case piccole e buie, prive di adeguate strutture igieniche e di spazi necessari ad una vita dignitosa.

La società inglese che si avviava verso la metà del secolo stava vivendo un periodo di compressione sociale e lavorativa molto doloroso che però avrebbe trovato sbocco in una grandezza economica capace di portare la nazione ai più alti livelli europei e di diventare una potenza degna di essere considerata tra le prime.

L'espressione più completa di questo traguardo raggiunto sarà l'esposizione universale di Londra che si terrà nel 1851.

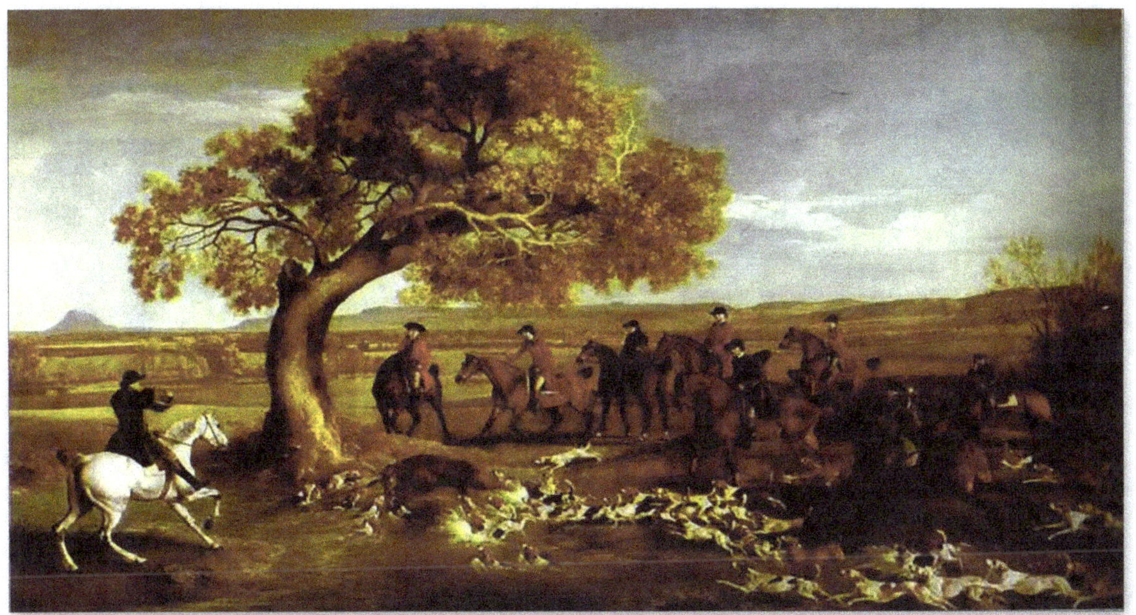

▲ **George Stubbs, La battuta di caccia di Lord Grosvenor,** olio su tela 244 x 149 cm, cortesia della famiglia Grosvenor (vedi pag. 9)

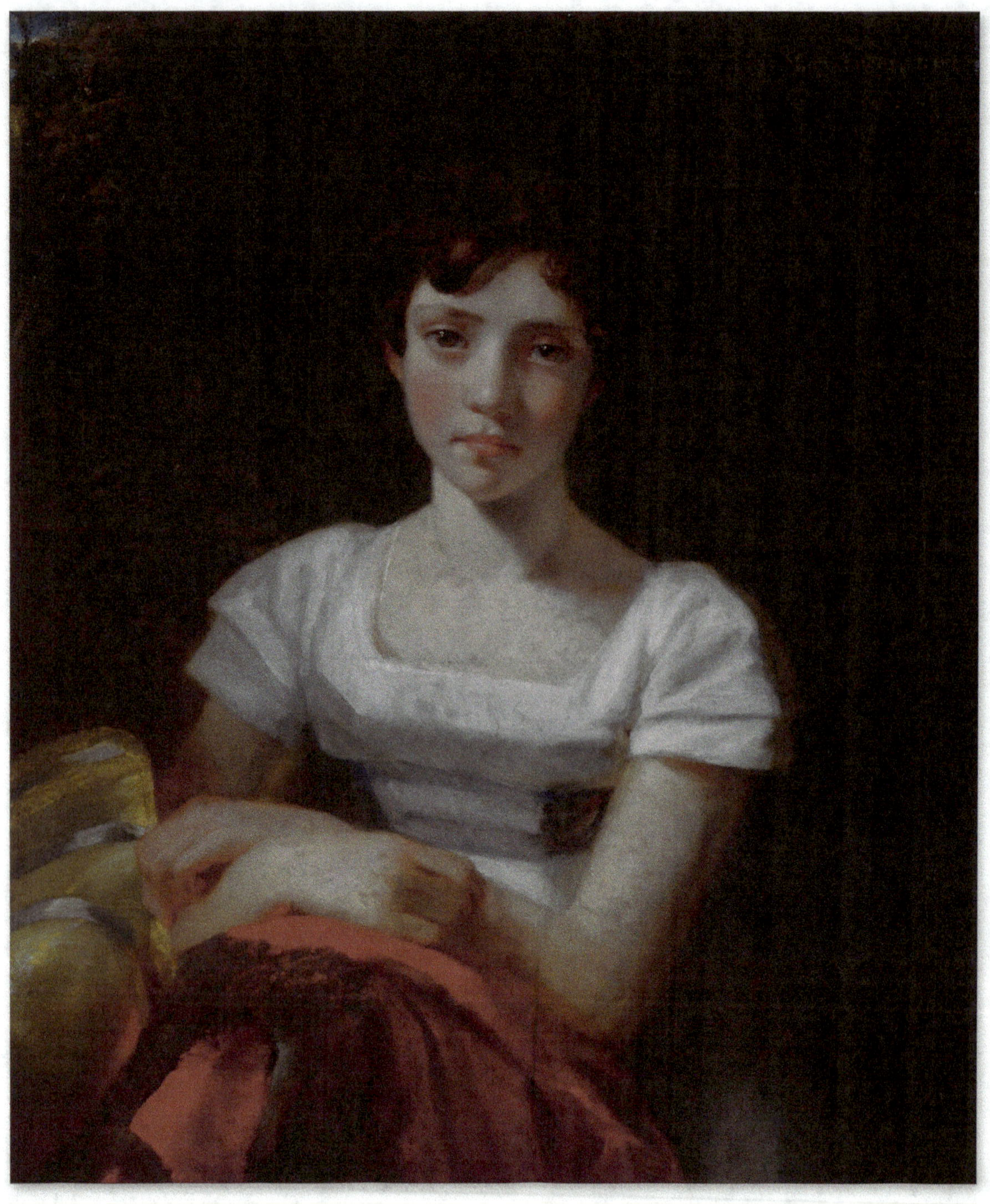

▲ **8 Mary Freer,** olio su tela 76,2 x 63,5 cm, New Haven, Paul Mellon Collection Yale Center for British art (vedi pag. 49)

LA VITA

orse da una finestra del collegio di Lavenham, una città del West Suffolk, in cui prosperava l'industria del panno avviata nei secoli XV e XVI e che aveva rese fiere non poche famiglie arricchendole tanto da ostentare atteggiamenti aristocratici, si sporsero più volte gli occhi tristi e spaventati di un bambino di sette anni che attendeva i suoi genitori per essere riportato a casa, nella tenuta di famiglia, a East Bergholt, dove si svolgeva tutt'altra attività. Magari fu proprio perché il lavoro del padre non aveva nulla a che fare con la tessitura, che il piccolo John incontrò i primi disagi della sua vita, e fu maltrattato per una sorta di campanilismo o di pregiudizio classista, o più probabilmente perché in quell'istituto si usava educare con durezza gli scolari meno ubbidienti. Sta di fatto che in quel posto ebbe a soffrire una disciplina di gratuita durezza che impressionò anche sua madre e suo padre i quali un giorno vennero davvero a riprenderselo per destinarlo alla scuola secondaria di Dedham da raggiungere a piedi dal portone di casa. Eppure Golding Constable godeva di una chiara agiatezza e suo figlio poteva portare a testa alta il cognome che non era quello di un semplice mugnaio ma di un imprenditore che faceva girare bene i suoi mulini e da essi traeva un più che discreto prestigio sociale. Certo i modi dei Constable non avevano tutto lo smalto delle altre famiglie benestanti, cioè ripetevano i riti del tè e dei salotti eleganti senza troppa convinzione, manifestando di essere giunti al benessere da non molto, ma erano comunque allineati con l'etichetta e non si meritavano alcuna discriminazione. Golding aveva lavorato sodo e con intelligenza: due anni dopo aver ereditato il suo primo mulino dallo zio, nel 1765, si era sposato con Ann Watts e col tempo aveva assunto tre operai che gli permettevano di rimanere di più in casa con il risultato di fare sei figli e di costruirsi un edificio a tre piani, ben visibile da tutto il villaggio. Le storiche magioni vicine avevano dovuto fare tanto di cappello, perciò era tutto in regola. Se poi si aggiunge che i commerci si erano dimostrati così generosi da permettergli l'acquisto di un altro mulino a vento a Bergholt Common, di una nave, The Telegraph, adibita al trasporto di grano da Mistley a Londra e di carbone nel viaggio di ritorno, di un bacino di carenaggio sullo Stour dove si costruivano e si riparavano le chiatte, di acquisire alcune quote di un mulino a cinque coppie di macine a Dedham, di far suoi trentasei ettari di terreno agricolo a East Bergholt, allora appariva conclamato il suo successo. In effetti la famiglia Constable viveva bene e ben integrata, aveva il suo peso nella comunità e godeva di rispetto.

Tuttavia il quarto dei discendenti, John appunto, era di animo sensibile e trovava nei campi coltivati che circondavano la sua casa non tanto la fonte del sostentamento e del prestigio famigliare, ma un impulso a commuoversi che non si rivelava pratico ai fini del guadagno, Non che ignorasse l'importanza del lavoro o che non vi si dedicasse, ma è un fatto appurato storicamente che il suo contributo all'azienda paterna non fu molto significativo e che, a dirla tutta, non lo fu neanche quello degli altri fratelli, ad eccezione del più piccolo, che prese poi tutto il fardello sulle sue spalle lasciando liberi gli altri, in particolare John.

Insomma casa Constable era solida, con tanti discendenti ed un futuro che bene si addiceva ad una rispettabile famiglia inglese. Eppure quel John, il quarto ad essere nato, l'11 giugno 1776, era un tipo un po' strano, con un'inclinazione a divagare verso attività difficilmente remunerative; in poche parole gli piaceva la pittura.

Non fu tanto nella tenera età in cui il collegio lo ferì, né negli anni immediatamente successivi, ma sembra che l'amore per il disegno si manifestò nel 1792, o almeno lasciò un segno indelebile, quando incise la forma di un mulino su una tavola portante di quello a vento del quale gli era stata destinata la gestione. Era il mulino di Bergholt Common e si racconta che in quel periodo decise che avrebbe fatto l'artista. Ad aiutarlo e ad incoraggiarlo in questo proposito fu il suo amico John Dunthorne, più grande di lui di sei anni, che gli impartì le prime lezioni di pittura e se lo portò dietro, in giro per il paese, a cercare stanzoni in affitto ad uso di atelier. Golding gli aveva già messo a disposizione una stanza della casa al terzo piano ma il figlio non si accontentava e la gente del posto sorrideva vedendolo passare con il suo collega, già noto per essere il tuttofare di East Bergholt, pittore di insegne per pub e di araldi di dignitari, carico di attrezzature da traslocare fino ai campi dove dipingere en plein air. Un'attività, peraltro, poco praticabile per i pittori di città che non avevano a portata di mano la campagna e che per fare una seduta di pittura dal vero dovevano spostarsi con materiale leggero. Tutt'altra storia per John, nato e vissuto nel verde, che faceva anche più viaggi per allestire il suo studio tra l'erba e a sera lo smantellava quando non c'era più luce per vedere. Aveva il magazzino a due passi e suo padre, con spirito leggero e sdrammatizzante, tipica dello humor inglese, aveva soprannominato la coppia Don Chisciotte e Venerdì.

La madre, non ancora preoccupata dalle inclinazioni del figlio, lo aveva presentato a sir George Beaumont, pittore dilettante ma di buona esperienza, nonché ricco, stimolando l'amicizia tra i due nella convinzione che gli interessi di John fossero da coltivare come innocue velleità. Beaumont, che aveva studiato presso Alexander Cozens e Richard Wilson, prendeva però sul serio la pittura ed era ben introdotto nel mondo artistico avendo conosciuto sir Joshua Reynold, Thomas Gainsborough, Wordsworth e Coleridge. Il suo contributo alla formazione di Constable fu importante ed al giovane pittore non mancò mai lo stimolo e l'incoraggiamento. John gli portò degli studi da Raffaello che non impressionarono Beaumont ma gli diedero comunque la sensazione di avere davanti un artista attento e meticoloso; da parte sua gli mostrò un'opera di cui andava orgoglioso e che recava sempre con sé: il Paesaggio con Agar e l'angelo di Lorrain. Il quadro colpì molto John e ne segnò la produzione della sua prima ed ultima tela raffiguranti Dedham Vale.
L'incontro con Beaumont, pur avendo smosso ancor di più l'animo artistico di Constable, non ebbe probabilmente lo stesso effetto su quello dei suoi genitori i quali ritennero ancora che l'occupazione lavorativa avrebbe prevalso su tutto. Forse ciò poté accadere perché il carattere del ragazzo si dimostrò malleabile ed incline alla collaborazione, sebbene gli anni della scuola non lo avessero visto propenso all'applicazione costante. Nel corso del tempo diede segni di sapersi adattare alle necessità famigliari e di essere disposto a seguire soltanto marginalmente i suoi esperimenti pittorici. Con questa consapevolezza fu introdotto nel circolo di sir James Winter Lake, un ritrovo per appassionati di antichità che catalogavano edifici ed iscrizioni e che contava tra i suoi partecipanti John Thomas "Antiquity" Smith, insegnante di disegno che catturò totalmente l'interesse di Constable tanto che suo padre, finalmente allarmato, decise di richiamarlo ai doveri del lavoro e lo fece rientrare a casa.

Tornato a East Bergholt dipinse il suo primo quadro a noi noto, il Paesaggio al chiaro di luna con la chiesa di Madleigh, ispirandosi allo stile tenebroso di John Cranch, un pittore che aveva conosciuto ad Edmonton e che poteva vantare una certa notorietà. Di lì a poco, siamo nel 1796, Smith scrisse alla signora Constable con l'intento di persuaderla a concedere gli studi artistici al figlio. La donna, sulle prime, non acconsentì perché si trattava di far trasferire il ragazzo a Londra ma questi, a suo dire, aveva da "occuparsi degli affari". Smith allora si preoccupò almeno di non far mancare a John il materiale per disegnare spedendoglielo regolarmente.

Ma ciò non era abbastanza e nel 1798 si recò a East Bergholt per persuadere i genitori i quali, alla fine, acconsentirono e nel 1799 lo iscrissero alle Royal Academy Schools.

L'ingresso non era però scontato e Constable dovette sostenere l'esame d'ammissione per essere riconosciuto come praticante. La prova fu superata copiando il gesso del Torso Belvedere e nel marzo del 1799 il ragazzo poté sedersi ai banchi della Plaster Academy. In realtà non si trattò di veri e propri banchi ma di casse di legno portate da casa a spese degli studenti dal momento che la sistemazione che offriva l'Istituto consisteva in ben poco, cioè nella fornitura di mollica di pane per le cancellature e basta. Tra l'altro, anche la suddetta mollica venne presto tolta perché i giovani amavano tirarsela l'un l'altro per gioco. Non c'era neanche il riscaldamento ma i gessi da copiare abbondavano. I corsi si tenevano dalle 9 alle 15 ma di fatto c'era chi frequentava la sera dopo il lavoro; John non aveva questa incombenza perché riceveva il denaro per vivere dal padre.

Dopo un anno di corso da praticante, il 21 giugno 1800, venne ammesso ufficialmente alle Royal Academy Schools e fu autorizzato a disegnare nella Life Room e a seguire le lezioni di pittura, prospettiva e anatomia. L'importanza maggiore era riconosciuta al disegno e i generi ritenuti più prestigiosi erano la pittura storica e la ritrattistica. In secondo piano passavano il paesaggio e la natura morta, considerati in società una sorta di arte per diletto. La figura umana prevaleva su tutto e Michelangelo rappresentava il genio delle belle arti da paragonare a Dante e a Shakespeare per il suo approfondimento dell'anima umana.

Constable entrò alle Royal Academy Schools con una lettera di presentazione indirizzata a Joseph Farington, uno dei primi studenti dell'istituto che era stato ammesso dopo un anno dalla fondazione avvenuta nel 1768. Pur non avendo un ruolo ufficiale, Farington poteva facilitare la carriera di qualsiasi studente e recargli molto vantaggio, se questi lo accoglieva nelle sue grazie. Tale ruolo gli era valso il soprannome di dittatore.

I suoi diari sono ancora oggi consultati perché rappresentano una testimonianza vivida della scena artistica londinese; si legge dai suoi fogli, nel caso di Constable " Mr.J.Constable di Ipswich convocato con lettera di Mrs W[akefield].- dedito all'arte benché non debba necessariamente professarla. - Conosce Sir G[eorge] B[eaumont]. - ritiene che i primi dipinti di Gainsborough siano i suoi migliori, e che gli ultimi si allontanino dalla natura."

Il dittatore seguì gli studi di John prestandogli dipinti da copiare e tentando di marcare la linea del pennello che rifiniva le figure detta, nell'inglese settecentesco, pencilling. Questa rifinitura era fondamentale per Farington perché molto vicina allo stile del disegno che, abbiamo visto, godeva di assoluta stima nella Royal Academy. Tuttavia i modi di Constable rimanevano diversi, poco esatti rispetto ai suggerimenti del suo tutore.

Costui ritenne questa caratteristica un difetto e John si lasciò deprimere dal giudizio del suo tutore dimostrando anche un minore attaccamento alla pittura di quanto ne avesse rivelato nel periodo di East Bergholt. E' lo stesso Farington a ricordarlo e a sottolineare anche un certo malessere nel giovane pittore, che poi si consoliderà in una depressione durata tutta la vita.

I corsi proseguivano ed il suo carattere timido ed insicuro trovò conforto nell'amicizia con Ramsay Richard Reinagle, anch'esso studente e figlio di Philip Reinagle , pittore associato alla Royal Academy. Il carisma di Ramsay colpì John dal momento che questi aveva iniziato a guadagnare dalla pittura fin dall'età di tredici anni e aveva fatto molti viaggi all'estero. Inoltre, già nel 1788 la Royal Academy aveva accettato una sua tela per la mostra annuale, evento molto ambìto dagli studenti e che si svolgeva nelle sale dell'Istituto letteralmente ricoperte dai dipinti pervenuti ed esposti in ordine di importanza, partendo dalla linea privilegiata prossima agli occhi degli spettatori, fino ad arrivare vicino al soffitto, con un'inclinazione verso il basso che ne permettesse la visione. Quest'ultima sistemazione era la meno felice e scontentava chi vi era destinato.

L'amicizia si fece sempre più salda e i due condivisero anche un alloggio a Marylebone, alla fine del 1799, passando anche l'estate insieme a East Bergholt durante la quale disegnarono molto entrambi. Ma l'indole malinconica di Constable non tardò a far sentire la sua influenza ed il successo commerciale dell'amico lo abbatté facendogli pesare i suoi scarsi successi. Inoltre Reinagle si fece sempre più critico nei confronti della sua opera e dal canto suo dipinse in accordo con i precetti accademici che privilegiavano il pencilling. John non si sentì di condividere quell'esattezza innaturale, che delineava marcatamente ogni forma, e per questo si accorse che le sue scelte si stavano allontanando dall'ambito artistico londinese. Come se non bastasse, i circoli pittorici della città, che fiorivano in gran numero, si muovevano tutti in quella direzione e traevano la propria ispirazione dai modelli letterari. Persino il grande Turner si dimostrava allineato con questa tendenza e contribuiva con i suoi lavori a rilanciare il tema paesaggista relegato tra le pitture meno nobili. Sebbene i propositi degli artisti londinesi fossero nobili, la loro attività si muoveva prevalentemente in un contesto modaiolo che poco spazio lasciava ai tentativi di un Constable ancora in erba eppure già fremente nel suo stile vivo e veritiero.

Il ritorno in città gli costò molta pena ed una pungente malinconia per le campagne di East Bergholt alla quale non seppe trovare altra cura che l'isolamento. Per nove mesi non vide nessuno delle persone che più lo avevano aiutato e stimolato; poi, nella primavera del 1801, si decise a far visita a Beaumont il quale tornò ad incoraggiarlo e a mettere a disposizione del suo studio la propria collezione di quadri.

In quel periodo ricevette la commissione per un quadro da John Reade che doveva ritrarre la sua proprietà e che prese il titolo di Old Hall, East Bergholt. L'opera fu bene accettata e l'anno successivo anche l'Accademia approvò un suo lavoro, oggi perduto, per la mostra annuale. Questi avvenimenti risollevarono l'animo del pittore, tuttavia il quadro esposto all'Istituto non venne notato e gli fu restituito invenduto. In un'alternanza di piccoli successi e di rifiuti Constable ricevette anche l'offerta per un posto di insegnante di disegno al Royal Military College a Great Marlow, vicino a Windsor, nel maggio del 1802. Ma la proposta, dibattuta con Benjamin West e Farington, venne rifiutata a vantaggio di una posizione più libera e viva nel panorama pittorico inglese. Constable si riteneva capace di diventare un artista indipendente e pienamente attivo, che rifiutava l'impiego sicuro per dedicarsi alla ricerca più vicina al suo animo, in antitesi persino con i tentativi di portare in auge il paesaggismo dei suoi colleghi. In una lettera molto sentita che scrisse al suo amico Dunthorne risuonano l'entusiasmo e la convinzione che provò in quei giorni " Mio caro Dunthorne, spero di aver portato a conclusione gli affari con il dottor Fisher che mi hanno portato in città. Non è questo il luogo per dilungarmi in particolari, che saranno oggetto di una futura conversazione: sarà sufficiente dire che accettare la situazione offertami avrebbe sancito la condanna a morte di tutte le prospettive di eccellenza nell'Arte che amo. Ritengo che le settimane appena trascorse siano state l'occasione di riflettere sulla mia professione con una serietà inedita, con un sentimento che può essere la sola strada verso la vera eccellenza. E questa mattina sono tanto più incline a menzionare questo argomento perché sono di ritorno da una visita alla collezione di Sir G. Beaumont, grazie alla quale conservo la profonda convinzione della veridicità dell'osservazione di Sir Joshua Reynolds, secondo il quale – non vi è una strada facile per diventare un bravo pittore-. L'eccellenza si può raggiungere solo attraverso lunghe contemplazioni e incessanti fatiche nell'esecuzione.

E per quanto la mente di ciascuno possa essere innalzata e portata all'eccellenza delle opere dei Grandi Maestri, la Natura è l'origine di tutto, la fonte primigenia da cui tutto deve sgorgare, e se un artista dovesse continuare la sua pratica senza fare riferimento alla natura, dovrà presto crearsi una maniera, ed essere ridotto alla stessa deplorabile situazione di quel pittore francese menzionato da Sir J. Reynolds, che da tempo aveva smesso di osservare la natura, perché ella non faceva che respingerlo. Negli ultimi due anni non ho fatto che rincorrere dipinti e cercare la verità di seconda mano. Non mi sono adoperato per rappresentare la natura con la stessa elevazione di mente, ma, d'altro canto, non mi sono nemmeno sforzato di far sì che le mie opere somigliassero al lavoro eseguito da altri. Sono giunto alla risoluzione di non fare, la prossima estate, visite infruttuose, né di sprecare il mio tempo con gente comune. Tornerò per un breve periodo a Bergholt, dove studierò indefessamente la natura, e mi sforzerò di trarre una rappresentazione pura e spontanea delle scene, in particolare riguardo al colore e ad altri aspetti: il disegno sono ormai padrone. Nella mostra c'è poco o nulla da ammirare, c'è ancora spazio per la pittura naturale. Il peggior vizio dell'epoca attuale è la bravura, il tentativo di raggiungere qualcosa al di là della verità. Nello sforzo di fare meglio del meglio, in realtà non ottengono alcunché. La Moda ha sempre avuto e sempre avrà il suo momento di gloria, ma solo la Verità (in tutte le cose) durerà e può vantare un diritto sulla posterità."

Una specie di manifesto personale o almeno una dichiarazione di intenti perché forse Constable era davvero stanco dell'Accademia di cui si era riempito gli occhi. Basta copiare gli altri, basta contornare le figure come gli avevano insegnato nelle aule; era ora ormai di immergersi nella natura, quella senza regole e proporzioni. Persino Farington glielo aveva consigliato "studiare la natura e meno l'arte altrui."

La Scena boschiva del 1801 apparteneva ancora al suo periodo accademico ed era gravata dalla luminosità artificiosa che la rendeva troppo esatta e didascalica. I tronchi rilucenti al centro del quadro sapevano ancora di racconto, non di impressione immediata e sincera.
Nell'estate del 1802 quindi Constable lascia Londra per tornare nel Suffolk ma non interrompe i suoi rapporti con la città inviando molti dipinti all'Accademia per esporne diciotto nell'arco di tempo che arriverà al 1810.
Sono anni di fervente attività e il pittore si dedica ad approfondire l'ispirazione che gli fornisce la natura realizzando molti studi che hanno quasi la finitezza di veri e propri dipinti. Si tratta di lavori che nascono dall'osservazione diretta ma non hanno l'immediatezza dello schizzo né una velocità di esecuzione che ne faccia ipotizzare l'esecuzione all'aria aperta. Il Bosco del 1802 ne è un chiaro esempio, con la sua struttura regolare e ben cadenzata, contemporaneamente leggero nella stesura del colore.
Sempre del 1802 è Dedham Vale vista dalle Coomb, una tela che fissa molti degli insegnamenti appresi dai grandi maestri ed apre allo stile personale del pittore che si consolida progressivamente. Dedham Vale: sera, ha invece ancora le caratteristiche dei Lorrain dolci e pacati della maturità che Constable ammirò intensamente.
Nel 1806 si recò nel Lake District per studiare i paesaggi che rispondevano all'idea del sublime, un concetto estetico che era maturato negli anni precedenti e che aveva trovato una delle sue tante teorizzazioni nell'Inchiesta sul bello e il sublime di Edmund Burcke. Tale pensiero avrà la sua eco in opere successive ma intanto il pittore ne incamerò le premesse per uno sviluppo personale in continua evoluzione.

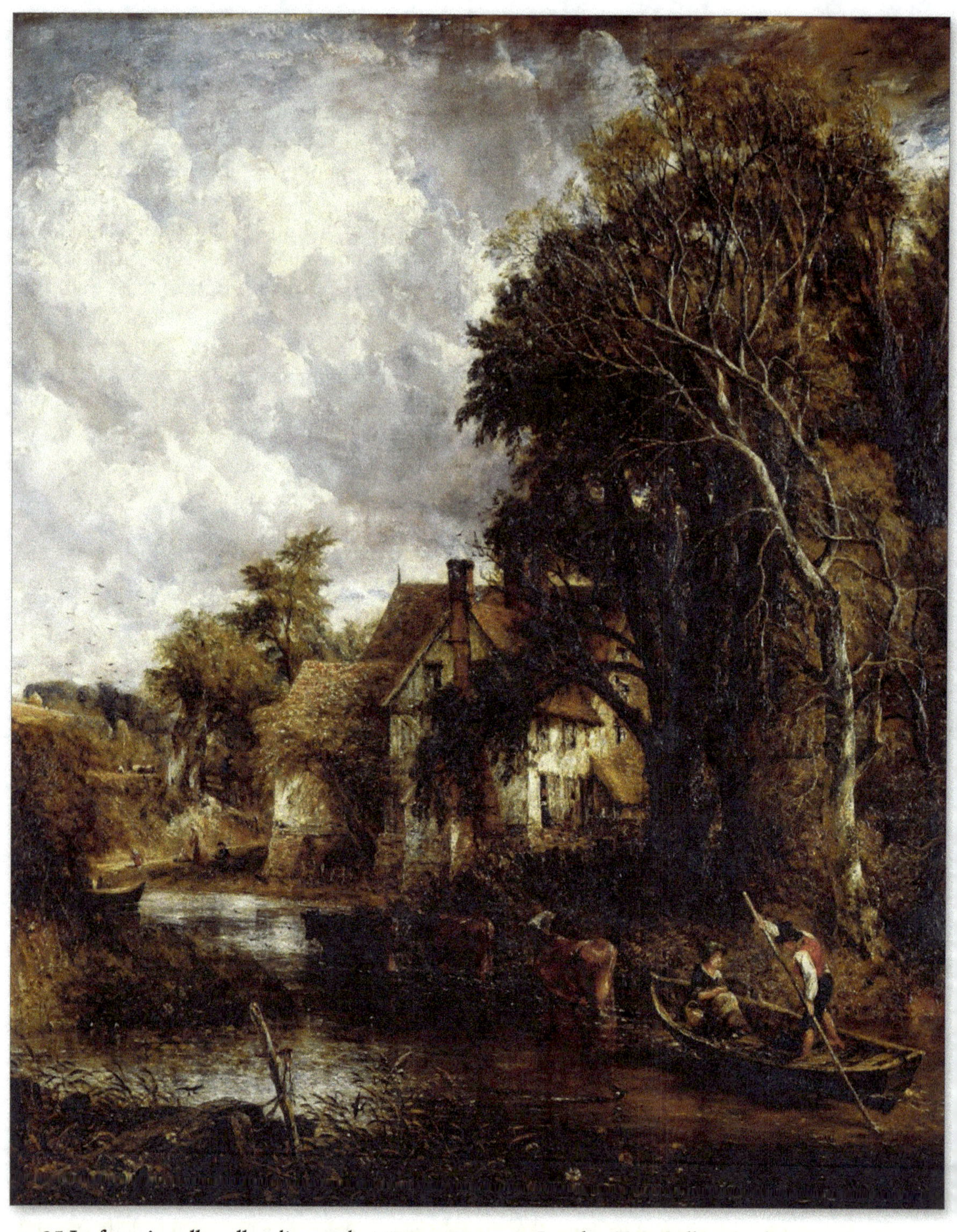

▲ **35 La fattoria nella valle,** olio su tela 147,3 x 125,1 cm, Londra, Tate Gallery (vedi pag. 89)

Negli anni di approfondimento Constable ricevette l'aiuto economico del padre il quale però, vedendo che non si aveva un riscontro materiale, metteva sempre più in dubbio la bontà dei propositi di John. Questi, avvertendo lo scontento paterno, si vedeva stretto nella morsa del voler continuare con la pittura e del doversi procurare da solo la propria sussistenza. Dal momento che le sue opere incontravano raramente il favore dei potenziali acquirenti si dedicò ai ritratti, fissando però delle tariffe molto basse: due ghinee per una testa e tre per una testa e una mano. Un compenso esiguo, specialmente se paragonato ai pagamenti dovuti per i ritratti dei pittori più affermati che arrivavano fino a duecento ghinee per la figura intera. Il lavoro più importante di questo periodo è La famiglia Bridges del 1804, una composizione con molte figure nella quale Constable diede prova di saper caratterizzare bene i soggetti e di dar loro, allo stesso tempo, un'aria di unità in accordo con il classico ritratto famigliare.

Nel 1806 fu presentato alla facoltosa famiglia Hobson, presso la loro residenza a Tottenham, forse per un altro ritratto famigliare del quale però non si ha notizia. Rimangono di quel periodo diversi disegni che si rifanno alla moda del periodo e ricalcano scene di genere con bambini che giocano e ragazze che si affacciano alla finestra oppure cuciono. Seguendo l'unico filone che sembrava potesse garantirgli un minimo di entrate, Constable entrò in contatto con la famiglia Dysart, grazie ad un socio in affari di suo padre; i Dysart, aristocratici, gli commissionarono diverse opere, grazie anche al fatto che il capo famiglia si dilettava di pittura ed era benevolo verso gli artisti.
Nel 1809 fu introdotto a Malvern Hall, la dimora di Henry Greswolde Lewis, che era cognato di Lord Dysart, e che si trovava nel Warwickshire. Gli fu commissionato il ritratto della figlioccia, Mary Freer, e realizzò un quadro intenso, distante dalla ritrattistica di moda, meno celebrativo e più penetrante.

Parallelamente a questi lavori Constable non abbandonò il paesaggismo e si impegnò molto nello studio della natura tramite i disegni. Nel 1806, grazie al supporto economico dello zio David Pike Watts, poté intraprendere un viaggio nel Lake District dove produsse una grande quantità di studi dei quali ne sono arrivati a noi circa un centinaio. Si recò alle Rydal Falls, le celebri cascate che già erano state ritratte da molti pittori, primo fra tutti Joseph Wright of Derby. Numerosi schizzi erano pronti per essere trasferiti su tela e ne nacquero svariati dipinti da inviare alla Royal Academy. Fra questi è sicuramente identificabile Bow Fell, Cumberland, del 1807, che venne criticato da Farington per la sua incompiutezza. In effetti il quadro colpisce per la velocità di esecuzione e non sembra possibile ritenerlo un'opera davvero finita. Altrettanto strano è il fatto che l'Academy potesse averlo accettato ma in effetti le cronache a lui riferite ci fanno pensare che così fu.
Constable realizzò, come detto, una gran mole di schizzi, molti dei quali tenne per sé, e si dedicò agli studi ad olio, una tecnica che già aveva sperimentato anni addietro e che adesso si rivelava il supporto migliore per dipingere in velocità, trasgredendo la precisione del passato. Delle lunghe giornate di attività ci fornisce un'accurata descrizione Jonathan Clarkson "Dopo l'impressionismo diventò ovvio che un pittore si recasse in campagna con la tela e cavalletto per dipingere nella natura, ma ai tempi di Constable non era così, anche per ragioni pratiche: i tubetti di colore furono messi in commercio negli anni Quaranta dell'Ottocento, solo dopo la morte dell'artista. Per il lavoro all'aperto il pittore utilizzava scatole di colori realizzate per il trasporto, composte di un coperchio rigido in legno che, una volta aperto, costituiva il supporto per il cartone o la carta, con un pannello interno rimovibile che poteva invece essere usato come tavolozza.
Il pittore doveva lavorare con la scatola in grembo e, una volta terminato lo schizzo, lo poteva girare

a faccia in giù all'interno del coperchio e portarlo a casa senza rovinarlo. All'interno della scatola Constable portava pennelli e colori: fialette di vetro con pigmenti in polvere e piccole sacche di pelle contenenti i colori già miscelati." Jonathan Clarkson, Constable ed. Phaidon 2010 p. 69
Constable non trascurò neanche l'acquerello e i numerosi studi realizzati con questa tecnica si accostarono a quelli fatti a olio. Grazie ad essi perfezionò la tecnica e acquisì velocità e precisione nella pennellata. Gli effetti positivi si riscontrarono progressivamente anche nelle opere finite e ne è un valido esempio La chiesa di East Bergholt vista da Church Street. Siamo nel 1809 e il maestro ha maturato una pennellata spessa ed espressiva che segna un balzo in avanti nel suo stile. Gli elementi ritratti diventano masse di colore sfrangiate, unite tra loro da un movimento vibrante che esalta il cromatismo e la tensione narrativa. In questo quadro si riscontra la cultura pittorica di Constable, la sua sensibilità verso il paesaggismo che parte da Lorrain ed arriva ai suoi contemporanei: Richard Wilson, Thomas Hearne, Thomas Jones. In particolare quest'ultimo, che aveva realizzato Carneddau, visto da Pencerring, un olio su carta del 1775 circa, sembra riflettere la stessa commozione per il movimento degli elementi naturali, per la loro comparsa imprevedibile, che provava Constable. Jones ritrae un paesaggio collinare sfumato dalle nuvole basse, una scelta che un pittore accademico non avrebbe operato ma che invece lui fa sua perché riconosce nell'accidentalità di quel cielo tempestoso il valore estetico della natura imprevedibile. Tale sensibilità caratterizza fortemente anche l'opera di Constable ed è chiaro che la pittura di paesaggio che poté studiare contribuì ad acuire in lui il desiderio di cogliere il fluire vitale degli istanti atmosferici, delle temperature cromatiche. Non si sa con certezza quali opere degli artisti sopra citati poté studiare direttamente ma di certo quanto vide lo aiutò considerevolmente ad evolvere il proprio stile in senso non accademico ed estremamente aperto verso la natura. I dettami di Reynolds non comprendevano la tecnica en plein air e caldeggiavano un'arte filtrata dalla sapienza, dalla meditazione a cavalletto condotta all'interno dell'atelier. Constable si immerse invece nel paesaggio, nel contatto con l'ambiente naturale senza per questo ricavarne una sensazione disturbante bensì l'emozione fresca della percezione immediata ma tranquilla.
Importante per lui dovette essere il suggerimento letto nel trattato The principles of Painting del 1709, scritto da Roger Piles, che raccomandava di imitare la natura aiutandosi con piccoli schizzi a olio realizzati all'aperto in modo da poterne catturare velocemente la sensazione. Piles inoltre esortò a ritrarre lo stesso scorcio in diverse situazioni atmosferiche e luminose, un metodo efficace per studiare i passaggi della luce e i conseguenti cambiamenti nel paesaggio.

La lunga serie di studi che compì Constable trovò felice espressione nel 1809 quando realizzò la sua prima opera compiuta all'aperto. Era il primo agosto, come si legge dalla data che è stata scritta con gessetto rosso dall'artista stesso sulla sua Malvern Hall vista dal lago, e la dipinse durante il soggiorno in occasione del ritratto di Mary Freer.
Anche questo dipinto era stato impostato come uno studio ma Constable lo rifinì fino a farne un vero e proprio dipinto. Si tratta di una novità: gli artisti a lui contemporanei non eseguivano dipinti finiti su tela en plein air e sembra che persino Constable non colse immediatamente il significato di questo lavoro lasciando passare cinque anni per realizzarne un altro in condizioni simili. Il trasporto all'esterno della tela non era pratico quanto lo fosse quello per i cartoni i quali avevano dimensioni inferiori e si appoggiavano, come visto, alla scatola da disegno. In merito al metodo di lavoro su carta è ancora la monografia di Clarkson a darcene un' esauriente descrizione "Constable sperimentò vari supporti per dipingere all'aperto, usando in diversi momenti carta, cartone e tela. Dimensionava e preparava una serie di supporti in un'unica volta (quando utilizzava la carta era solito incollare

due fogli per ottenere un supporto più resistente), per poi tagliare ciò di cui aveva bisogno per il singolo schizzo. Debitamente preparata, la carta costituiva il supporto ad asciugatura più rapida, il che spiega la quantità di dettagli in La valle dello Stour con Dedham sullo sfondo e la separazione del colore in Dedham Vale: veduta verso Langham. Uno schizzo dell'anno successivo, Un viottolo nei pressi di East Bergholt, con un uomo che riposa, è realizzato invece su cartoncino. Constable si adattò alla superficie liscia diluendo i pigmenti e lasciando affiorare il cartone attraverso il colore, che diventa così protagonista di diversi punti dell'immagine: nella luce che filtra attraverso la siepe, nel declivio sabbioso del tappeto d'erba, nel fango sul sentiero e nei colori autunnali dei due alberi." Jonathan Clarkson, Constable ed. Phaidon 2010 p. 74

Il dipinto rientra nel genere della rappresentazione delle case di campagna ma non ne osserva i canoni dal momento che l'edificio in centro alla composizione non è ritratto con chiarezza né lo è il paesaggio circostante. Constable non era tipo da stravolgere del tutto l'impostazione canonica, ed infatti rimangono le due masse arboree che inquadrano la scena, elementi mutuati da Lorrain, ma la sua originalità gli impose di non seguire lo stile classico, aulico, limpido dei suoi colleghi; elaborò gli elementi liberandoli dall'eccessiva descrizione e conferì loro l'immediatezza che aveva maturato in quel periodo di attività. Il risultato è un'immagine fortemente coinvolgente che miscela le caratteristiche della scena con quelle del supporto e della pittura ad olio; ancora un traguardo per lo stile del maestro che grazie a quest'opera si pone in una sfera personale, distante dalla produzione artistica a lui contemporanea.

Ma le rivoluzioni non furono soltanto in ambito pittorico: nell'autunno dello stesso anno Constable conobbe a East Bergholt Maria Bicknell, la nipote del revendo Rhudde ed iniziò il corteggiamento. Maria però aveva ventuno anni mentre lui era già un trentatreenne. Il divario d'età si rivelò subito un problema ma ancora di più lo fu la situazione economica del pittore che il reverendo non accettò assolutamente. Inoltre i Constable erano commercianti, cioè appartenevano ad un rango sociale che il religioso stimava inferiore e, a conti fatti, peggio non sarebbe potuta capitare, la sua figliola. Ma John non si perse d'animo e tentò di incrementare carriera e guadagni candidandosi, tra l'altro, come Associato alla Royal Academy. La cosa non gli riuscì, e a questo rifiuto ne seguirono altri. Parallelamente nacquero molti studi a olio che liberarono sempre di più il pennello del maestro; Fiume Stour: tramonto del 1810 ne è una prova emblematica perché il colore è tracciato tanto vigorosamente sopra la tela da prevalere sulla descrizione paesaggista. Anche Un viottolo nei pressi di East Bergholt, con un uomo che riposa, precedente di un anno, ha la stessa impostazione, sebbene un po' meno espressiva. Tale impegno lo porterà a dipinti quali Dedham Vale: mattino del 1811, Dedham Vale, sempre del 1811,Veduta sulla canonica, East Bergholt,1813, La valle dello Stour e il villaggio di Dedham, del 1815. Una serie di opere che metterà a fuoco progressivamente il paesaggismo inteso da Constable, cioè la rappresentazione fluttuante del proprio animo, delle sue emozioni cangianti miste all'esattezza della narrazione.

Di questo periodo è una sentita lettera di Constable a Maria che riassume il suo animo nei confronti del lavoro artistico ed in quelli della donna "Ho vissuto per un certo tempo una vita da eremita, benché sempre con una matita in mano [...]. Questa estate ho provato un vero piacere nello studio del paesaggio: ho fatto progressi da solo nell'arte di osservare la Natura (come Sir Joshua [Reynolds] chiama la pittura), o la Natura è stata meno avara nello svelarmi le sue bellezze. Forse le due cose coesistono e potremo scambiarci a vicenda dei bei complimenti; ma ti scrivo queste cose senza senso con una gran tristezza nel cuore, se penso a quanto sarei felice se potessi condividere questa gioia con te: allora veramente il mio animo potrebbe contemplare tranquillo le infinite bellezze di questa felice campagna." Si tratta di una corrispondenza datata 22 luglio 1812 e tratteggia uno spirito invaso dalla duplice passione artistica e amorosa, quindi teso tra due poli di grande attrattiva che dovettero tormentare e allo stesso tempo affinare la sua sensibilità. Di certo Constable ne fu plasmato a fondo ed il suo impegno non fu soltanto pittorico e relazionale ma anche interiore. Un'altra lettera ci racconta con immediatezza la sua situazione "Sono disposto ad ammettere che possiedo una dose di difetti maggiore di quella comune agli esseri umani e, come artista, so di avere grosse lacune e di non avere ancora, in nessun caso, realizzato la mia poetica. […] Tu dici giustamente che non ho l'animo tranquillo; forse può esserci in questo qualcosa di costituzionale, che però è molto aumentato da quando ho avuto la sfortuna di coinvolgere nel mio destino la felicità della creatura più amabile che esista sulla faccia della terra." Parole accese, evocative del suo stato interiore, deformate dalla lente emotiva che faceva gravare in modo eccessivo i risvolti soliti di una vita da artista e da innamorato. Queste righe erano rivolte a John Fisher e risalgono al 1821, quindi distanti un decennio da quelle scritte a Maria e pertanto testimoni di un'interiorità travagliata che non trovava riposo neanche con il passare del tempo.

Del resto la storia con lei lo provò molto e mise in evidenza, come detto, le differenze sociali alle quali Constable non poteva rimediare. Sua madre tentò più volte di ammorbidire le posizioni di Rhudde ma questi non si dimostrò disposto a venirle incontro. Fino al 1815 il figlio fu diffidato dal fare visite alla ragazza e a ben poco valsero i tentativi di lui per guadagnarsi una posizione diversa: l'Accademia lo respingeva come Associato e la carriera non faceva progressi apprezzabili. Giunsero tentativi di aiuto da parte dello zio David Pike Watts, uomo che aveva conosciuto una discreta fortuna finanziaria e che si era messo a disposizione per introdurre il nipote nella società londinese più agiata e potente, in cambio dei contatti che John avrebbe potuto fornirgli alla Royal Academy. Ma la sua ricchezza non compensava la poca cultura artistica che possedeva e i rapporti con il pittore furono incrinati da diverse incomprensioni.

Come se non fosse bastato anche l'atteggiamento di Maria si manifestò poco conciliante con le titubanze di Constable in merito alla sua carriera e quando lui le scrisse queste parole "benché a voi sola ammetterò che, quattro o cinque anni fa, quando ero più giovane, ero impaziente di raggiungere la fama e la ricchezza" lei replicò in questo modo "se volete rimanere scapolo andrà benissimo così […]. Tanto vale che mi mostriate le vostre intenzioni ora piuttosto che quando sarà troppo tardi per discutere".

E Constable alla fine le sue intenzioni gliele mostrò, quando ereditò una parte del patrimonio familiare, alla morte del padre avvenuta nel 1816, che fu preceduta da quella della madre un anno prima. Si trasferì definitivamente a Londra, abbandonando del tutto il mondo agricolo che comunque gli avrebbe dato incerti guadagni dal momento che stava conoscendo una forte crisi a causa della caduta del prezzo del grano. Le righe che testimoniano la sua decisione sono però amare "Vorrei che aveste accettato di sposarmi molto tempo fa, e oggi saremmo folli a rimandare ancora – i nostri nemici sono all'erta e privi di scrupoli – perciò non ci è dato sapere contro cosa combattiamo. La nostra situazione non potrebbe essere più disperata: abbiamo già perduto la pace e presto anche la nostra salute ne risentirà […] potremmo essere infelici sia fra le braccia l'uno dell'altro sia separati. In questo periodo ricevette la committenza di due dipinti da parte dei Rebows di Colchester, il cui capo famiglia era un generale, che gli offrirono per questi cento ghinee, un cospicuo pagamento. Realizzò per loro Wivenhoe Park, Essex, del 1817, e I Quarters ad Alresford Hall, del 1816. Constable testimonia questi due lavori con una lettera a Maria "una veduta della casa nel parco, con un bel bosco e un corso d'acqua […] un altro paesaggio, nel bosco con un grazioso casotto per la pesca".

Il maestro dovette essere contento del suo lavoro e tornò a parlarne a Maria in un'altra lettera "Sto portando avanti assai bene i miei dipinti per loro, l'esecuzione del parco è molto avanzata. La maggior parte della difficoltà è consistita nel far entrare nella composizione quanto essi volevano e informarli di questo. Alla mia sinistra una grotta artificiale con alcuni olmi, sopra un corso d'acqua, al centro la casa che emerge da un bel bosco, e, molto in lontananza, a destra, un riparo per i cervi, che ho dovuto aggiungere, per cui la composizione si articola su troppi piani. Oggi sono tuttavia riuscito a superare le difficoltà e il lavoro comincia a piacere anche a me. Penso comunque che dovrò allargare il dipinto rispetto a com'è attualmente".
Ma il suo pensiero andava anche a Flatford Mill, un dipinto che stava eseguendo in quel periodo e la cui lavorazione fu rallentata dalla richiesta dei Rebows. Per questo quadro chiese a Maria di rimandare la data delle nozze ed esternò in varie occasioni il suo malanimo al pensiero di trasferirsi a Londra; il 19 gennaio le mandava queste parole "Mi dispiace molto di rimanere così a lungo in campagna, ma ti assicuro che se fossi a Londra non riuscirei a combinare nulla: mi sentirei infatti del tutto spaesato, non potrei sopportare, in alloggi precari, la solitudine che la mia professione richiede. Non conosco nessuno a Londra con cui comunicare liberamente e non è necessario che ti parli delle accoglienze che ricevo altrove. Per tutti questi motivi Londra mi è odiosa e non riesco a viverci felice." ma la risposta non dovette essere conciliante e i due si sposarono il 2 ottobre 1816, presso la chiesa londinese di St Martin-in-the-Fields stabilendosi definitivamente nella città. Ad officiare la cerimonia fu l'amico prelato John Fisher che successivamente invitò Constable a soggiornare con la moglie a Osmington "Sarebbe un grande piacere se voi e la vostra sposa voleste trascorrere un po' di tempo con me e mia moglie, che si unisce a me nell'invitarvi. La campagna qui è straordinariamente selvaggia e sublime e merita senz'altro la visita di un pittore. La mia casa offre una vista di singolare bellezza e voi potreste studiarla proprio dalla mia finestra. Vi sarà servito un piatto di carne accanto al cavalletto, cosicché non dovrete nemmeno interrompervi per la cena; di rado riceviamo visite ed io posseggo pennelli, colori e tele in abbondanza. Mia moglie è tranquilla e silenziosa, e siede a leggere senza recare disturbo ad alcuno e Mrs Constable potrebbe seguire il suo esempio. La sera potremmo sedere presso il focolare e fare una lettura edificante, magari un sermone e dopo le preghiere andare a dormire in pace con noi stessi e con tutto il mondo." Sebbene possa sembrare un invito da ben meditare a condividere i rigidi costumi di un religioso appartato Constable mostrò di gradire quell'iniziativa ricordandolo in una lettera di anni dopo "in questo momento, dalla stanza in cui scrivo, sento una cornacchia - e il suo verso mi trasporta a Osminghton e, per un minuto, mi sembra di parlarvi più che di scrivervi, mi ricordo le nostre amene passeggiate nei campi – tanto potente è la voce della Natura."

Dal momento del trasferimento a Londra i paesaggi della valle dello Stour furono realizzati tutti nello studio londinese del pittore e questo apportò nuove modifiche al suo stile.
Per Flatford Mill però la tecnica fu ancora quella all'aperto ed ebbe passaggi particolari. Per il dettaglio ricorro nuovamente alla monografia di Clarkson che non soltanto per questo mi è stata di fondamentale aiuto "Un foglio preparatorio fornisce un'idea di un aspetto inconsueto del metodo di lavoro del pittore. Infatti su una faccia si vede un preciso contorno a matita e sull'altra un'immagine speculare a inchiostro della scena a Flatford. L'immagine a inchiostro fu realizzata collocando un pezzo di vetro su un cavalletto e tracciando i contorni della scena con il pennello; quando la carta veniva premuta sul vetro, l'immagine veniva trasferita con una prospettiva ribaltata; i contorni venivano poi tracciati sull'altra faccia del foglio, fornendo in tal modo una resa corretta e accurata della scena.

Questa immagine a matita veniva poi quadrettata per essere trasferita su una tela molto più grande, una pratica che Leonardo da Vinci aveva descritto nel suo Trattato della pittura che John Cranch aveva raccomandato a Constable nel 1796." Jonathan Clarkson, Constable ed. Phaidon 2010 p. 69
La vita di città non si rivelò facile per Constable dal momento che ancora non aveva ottenuto il suo posto sicuro nel mercato dell'arte. Va detto altresì che l'economia agricola si stava avviando verso una forte crisi dovuta alla prevalenza della Gran Bretagna sui mercati esteri e alle speculazioni favorevoli che ne otteneva a svantaggio dei produttori interni. Pertanto l'avvilimento economico delle famiglie rurali non aveva coinvolto il pittore che, come si è visto, non considerò l'ipotesi di proseguire con l'attività paterna.
In quel periodo, accanto all'istituzione accademica, era sorta la British Institution, un'iniziativa promossa dai ricchi mecenati ed intenditori che volevano valorizzare l'arte contemporanea ma anche quella dei maestri del passato con importanti mostre. Constable non condivideva il loro taglio critico e preferì rivolgersi ancora all'Accademia proponendo ad essa le sue opere. Portò Flatford Mill con l'intento di attirare su di sé l'attenzione grazie anche alle dimensioni inconsuete della tela che era, con buone probabilità, quella più grande che avesse esposto fino a quel momento. Tuttavia non ottenne la Great Room, come aveva sperato, ma una sala adiacente ed il riconoscimento della critica fu tiepido.

Nonostante ciò perseguì nel suo intento ed aumentò le dimensioni dei dipinti avvicinandosi a quelle dei quadri di Turner, forzando però il limite della rendita economica riferito alla quantità di lavoro. Per far quadrare i conti si concesse ai ritratti, che non amava affatto, ma che però lo portarono ad un discreto livello di notorietà che venne riconosciuto con compensi fino a 15 ghinee.
Contemporaneamente proseguì nel suo cammino paesaggista e realizzò Il cavallo bianco, del 1819. A quell'epoca aveva già un figlio, nato nel 1818, ed il tentativo dei six-footers, cioè delle grandi tele, che così vennero denominate e con le quali voleva imporsi, fu premiato in occasione di quest'opera: i membri della Royal Academy l'accolsero con entusiasmo e venne nominato membro associato dell'istituzione.
Confortato da questo successo si sentì spronato a realizzare un'altra tela simile, Stratford Mill, anch'essa a tema fluviale.
Il suo stato d'animo, in quel periodo, malgrado l'approvazione che iniziava a riscuotere, era tutt'altro che sereno ed in una lettera del febbraio-marzo 1821 scriveva così all'amico Fisher "Credimi, mio carissimo Fisher, mi sarei sentito mancare davanti alle mie grandi tele se non fossi stato incoraggiato dalla tua amicizia e approvazione. Ora temo (per il bene della mia famiglia) che non sarò più un artista di successo – un pittore di gentiluomini e gentildonne, per intenderci – ma almeno mi sarà risparmiato di impazzire."

Subito dopo dipinse il celebre Carro del fieno, che gli valse il plauso dei critici francesi più aperti alle novità al Salon di Parigi del 1824, mentre quelli tradizionalisti criticarono la mancanza di rifiniture ed il soggetto giudicato banale; così scriveva un anonimo "Esaminando separatamente il talento di Constable, gli domanderemo tuttavia se ha ben calcolato le sue forze in questa occasione e se si aspetta di superare tutti i nostri paesaggisti. Pensiamo che si sia sbagliato. So benissimo che altri portano i suoi lavori alle stelle; ma prima di lodarlo vorremmo sapere a proposito di che cosa si può lodarlo. Un pittore italiano (non so più quale) sosteneva, parlando di Leonardo da Vinci, che gettando contro una tela una spugna imbevuta di colori si ottenevano dei paesaggi. Sicuramente, se questo pittore fosse vissuto oggi, si sarebbe riferito alle opere di Constable.

Nulla in effetti è definito nelle opere di questo pittore e gli stessi oggetti sono a malapena indicati. Si ignora di che tipo siano i suoi alberi, dove comincino e dove finiscano le sue figure; i suoi cieli sono imbrattati di grigio e le sue acque sono delle lastre di ghiaccio non ancora solcate dai pattini." Tuttavia Constable venne premiato in questa occasione con una medaglia d'oro dal re francese Carlo X e lasciò un segno importante del proprio passaggio.
"La palma dell'esposizione tocca a un grande dipinto di Constable, con cui si possono mettere a confronto ben pochi capolavori antichi e moderni. Accanto ci sono solo superfici imbrattate di colori malaticci, che offendono sia il tatto che la vista, tanto sono rozzi e irregolari. A pochi passi di distanza ci si trova davanti a un paesaggio pittoresco: una dimora rustica, un torrente dalle brevi onde spumeggianti sopra i ciottoli, un carro che attraversa un guado. C'è acqua, aria, cielo; è un Ruisdael, un Wouverman o un Constable." C.Nodier, Promenade de Dieppe aux Montagne d'Ecosse, 1821
"Nessuno più di me tiene alla gloria nazionale e vorrebbe conservarle maggior splendore; ma bisogna riconoscere che i paesaggi di Constable, pittore inglese, alcune opere del quale sono visibili al Salon, sono di gran lunga superiori a tutto quanto abbiamo prodotto quest'anno. Mancano di stile, affermano i nostri retori; spesso si tratta di un ruscello dalle rive poco pittoresche, ombreggiato da qualche salice e con un orizzonte insignificante; e sia, ma tutto questo è pieno di lievità, prospettiva, verità; e, secondo l'usuale modi di dire, è pieno d'aria. Non è certo con le linee più belle che gli Olandesi hanno creato dei capolavori." A.Thiers, in Le Constitutionnel, 18 settembre 1824

E per finire la firma forse più autorevole, quella di Sthendal "[...] quest'anno gli inglesi ci hanno mandato dei magnifici paesaggi, quelli di Constable, ai quali non so se abbiamo qualcosa da opporre. La verità ti prende subito, e ti trascina, in queste opere incantevoli. Il tocco di questo artista è negligente e eccessivo, i piani prospettici non sono ben rispettati e inoltre non c'è alcun ideale; tuttavia il suo delizioso paesaggio, con un cane sulla sinistra, è lo specchio della natura e fa scomparire del tutto un grande paesaggio di Watelet che gli sta vicino, nel salone grande." Sthendal, in Journal de Paris, 16 ottobre 1824.

Successivamente dipinse La chiusa, altra opera accolta con molto favore che venne comprata il primo giorno di esposizione da James Morrison per 150 ghinee. A quell'epoca fu un acquisto importante per Constable che ormai era padre di due figli. Le attestazioni di stima non mancarono e anche il pittore ne lasciò traccia nella sua corrispondenza con Fisher "I miei amici mi dicono tutti che è il mio lavoro migliore. Sia come sia, ho fatto del mio meglio. E' un buon soggetto e un ammirevole esempio del pittoresco." Poi ancora una lettera datata 8 maggio 1824 "Il mio dipinto è piaciuto all'Accademia. In realtà produce un'attrattiva incontestabile e la sua luce non si può spegnere perché è la luce della natura, la Madre di tutto ciò che ha valore in poesia, come in pittura e in qualunque cosa, quando ci si rivolga allo spirito [...] La mia opera infastidisce la maggior parte di loro e tutti gli accademici, forse ho sacrificato troppo alla luminosità e alla brillantezza, ma esse sono l'essenza del paesaggio." Il 26 novembre 1825 aveva parole più amare da dividere sempre con il suo amico Fisher "Il mio maestro, il pubblico, è difficile, crudele, inesorabile e per niente indulgente nei confronti di un'apostasia; è sempre più contro di noi che con noi nella buona e nella cattiva sorte, ma fra me e te c'è questa differenza: il tuo ambiente professionale ti crea attorno una protezione, il mio si rallegra nell'eventualità di potersi sbarazzare di un membro che sa di sicuro essere in un modo o nell'altro diverso."

In seguito lavorò contemporaneamente a due dipinti con lo stesso soggetto: Il cavallo che salta, e ne espose uno alla mostra della Royal Academy. La sua candidatura per diventare accademico presso questa non dava frutti e i voti a suo favore non raggiungevano mai la maggioranza necessaria. Tale insuccesso pesò parecchio sul morale del pittore il quale, oltre a dover sopportare il rifiuto dell'importante istituzione, doveva provvedere al sostentamento della famiglia e quindi trovare una fonte di reddito affidabile.

Nel 1826 dipinse Il campo di granturco, senza incontrare il favore della critica ma nella speranza di poterlo vendere "Spero veramente di vendere questo lavoro, dal momento che è riuscito un poco più gradevole di quanto io sia normalmente disposto a rendere le mie opere."

Le mostre si succedettero: alla Royal Academy nel 1826, alla British Institution nel 1827, al Salon di Parigi nel 1827-28, alla Birmingham Society of Arts nel 1829, alla Worcester Institution nel 1835; ma la fortuna era altalenante e Constable vide chiudersi alle sue possibilità il mercato francese a causa della rottura con Arrowsmith, il suo importante contatto per quella clientela.

Nel 1828 dipinse Dedham Vale, un quadro che riprendeva la stessa veduta del 1802 e che la rielaborava rendendola più complessa e drammatica. Il rapporto che Constable aveva con la campagna, l'aura di pace che gli ispirava, stavano cambiando perché la vita rurale si era evoluta in senso negativo e quel mondo non accoglieva più come una volta il lavoro agricolo e chi viveva grazie ad esso. La piccola madre in primo piano suggerisce un senso di solitudine, di esclusione che forse volle simboleggiare proprio lo stato dei braccianti, danneggiati dai cambiamenti economici dell'epoca.

Il quadro fu accolto favorevolmente e la nascita del settimo figlio si aggiunse come nota positiva nella vita dei Constable; tuttavia le condizioni di salute di Maria si fecero serie e precipitarono velocemente fino a causarle la morte il 23 novembre. La perdita fu terribile ed il maestro non trovò più uno stato d'animo sereno "Mai più proverò i sentimenti di un tempo: ai miei occhi, il volto del mondo non è più lo stesso".

Dal punto di vista economico, suo malgrado, la situazione andò migliorando perché il suocero, morto nel mese di marzo, aveva lasciato alla figlia 20000 sterline ed inoltre la Royal Academy lo accolse fra i membri effettivi. Dopo sette anni di tentativi Constable era finalmente riuscito nel suo intento, ma il non poter condividere questo successo con la moglie e l'avversione che molti esponenti dell'istituzione avevano nei suoi confronti gli fecero vivere la vittoria in un modo che mai avrebbe desiderato.

L'impegno accademico si svolse con la partecipazione ai vari comitati per la selezione delle opere proposte per le mostre e alla supervisione dei corsi. Constable decise anche di realizzare un six-footer: Hadleigh Castel, nel 1829, rifacendosi al tema del castello diroccato, probabilmente abbastanza pittoresco ed accademico da risultare gradito anche ai colleghi dubbiosi nei suoi confronti.

Nel 1832 completò definitivamente L'inaugurazione del ponte di Waterloo vista da Whitehall Stairs, un dipinto iniziato circa dieci anni prima e ripreso molte volte. Negli anni Quaranta del Settecento Canaletto si era trasferito a Londra e le sue vedute avevano fatto scuola. Molti erano stati i pittori che in seguito si erano confrontati con il suo modello ed avevano trovato il modo di adattarsi al clima terso delle sue vedute. L'atmosfera londinese non era certo così luminosa ma l'intento del maestro italiano era sempre stato quello di dipingere con chiarezza tutti i particolari; tale proposito stimolò gli artisti posteriori i quali si applicarono anche in termini scientifici accostando l'ottica alla pittura. Ne fu un esempio noto l'irlandese Robert Barker che brevettò il panorama, cioè un dipinto circolare in grado di dare l'illusione di un'esperienza visiva reale. Il suo esperimento venne replicato da molti artisti in tutte le città importanti di Europa e si evolse nel diorama, un panorama che includeva anche effetti luministici e di movimento. L'artefice fu uno dei figli di Barker insieme a Ramsay Reinagle e Constable ebbe modo di vederlo ma non ne rimase convinto "precisione e ingegnosità, ma senza grandezza o vastità".

La pittura di paesaggio trovava insomma diverse vie per crescere artisticamente e naturalmente Constable ne seguiva i cambiamenti, seppure, a volte, con certe difficoltà; il fatto era che il maestro prediligeva le vedute fluviali ed agresti, e non amava molto quelle cittadine. L'inaugurazione del ponte di Waterloo gli costò diversi momenti d'ansia e l'avvicinarsi del giorno dell'esposizione lo provò molto. "Vorrei fuggire a gambe levate dalla grande Londra. E perché no, in fin dei conti? Un aborto vale l'altro: a chi interessa il paesaggio?", così scriveva al suo amico incisore David Lucas. Dopo l'invio dell'opera scrisse ancora "Non ho mai provato per un dipinto un'inquietudine maggiore che per il prematuro congedo di questo, che non contiene neppure uno di quegli elementi che di solito mi riscattano."

Constable non si sentiva quindi a suo agio e considerava la consegna di quest'opera "prematura", benché ci avesse lavorato per anni. Durante l'esposizione vi fu anche un episodio emotivamente significativo perché Turner volle aggiungere un colpo di colore alla sua marina, che al confronto con il dipinto di Constable sembrava un po' spenta. Fece una boa di un rosso intenso "L'intensità del minio, resa ancor più vivida dalla freddezza della sua pittura, fa sì che anche i vermigli e i cremisi di Constable sembrino deboli. Io arrivai nella stanza proprio mentre Turner ne usciva . E' stato qui – disse Constable – e ha sparato un colpo" Charles Leslie Autobiographical Recollections, 1860.

Sempre nel 1832 Constable fu colpito dalla perdita di Fisher; con lui spariva una personalità importante della sua vita ed un amico che gli era stato vicino dopo la morte della moglie. Anche John Dunthorne, il suo assistente di studio, moriva nello stesso anno.

Nello stesso anno vedeva pubblicata del tutto la sua opera didattica intitolata English Landscape Scenery, di cui le prime copie risalivano al 1830. Si trattava di un lavoro suddiviso in cinque volumi e concepito sulla scorta del Liber Studiorum edito da Turner fra il 1807 e il 1819 e che aveva contribuito significativamente al successo professionale del pittore. Forse Constable si cimentò anch'esso in un'impresa simile per riscuotere pareri positivi dall'ambiente accademico. I volumi trattavano dei suoi dipinti che erano riprodotti dalle stampe realizzate dall'incisore David Lucas. Quest'ultimo si rivelò preziosissimo per Constable, sia per la sua professionalità che per la pazienza con la quale si accinse al lavoro e alla collaborazione con il pittore , il quale dimostrò più volte di non avere un carattere facile. Molti furono i rifacimenti e i pentimenti del maestro, e di conseguenza l'eliminazione di stampe e la conseguente rielaborazione. L'intento di Constable era quello di divulgare la sua teoria pittorica e di ottenere, grazie a questa, maggiore spessore nell'ambiente artistico londinese "Nell'Arte come nella Letteratura, tuttavia, ci sono due modi con i quali gli uomini cercano di ottenere lo stesso fine e si sforzano di distinguersi. Nel primo modo l'Artista, intento solo allo studio di una perfezione ormai passata, o a ciò che altri hanno compiuto, diventa un imitatore delle loro opere, oppure finisce col selezionare e combinare le loro varie qualità; nel secondo modo egli cerca la perfezione alla sua FONTE ORIGINALE, LA NATURA."
Nel 1833 diede inizio ad una serie di conferenze che tenne ad Hampstead, poi a Worcester e alla Royal Institution. Nell'introduzione a quest'ultima disse "Spero di dimostrare che la nostra è una professione debitamente insegnata, che è tanto scientifica quanto poetica; che l'immaginazione non ha mai prodotto opere raffrontabili con la realtà, né mai lo farà; e mi auguro di dimostrare,

tracciando le connessioni con la storia del paesaggismo, che nessun grande pittore è mai stato autodidatta."Quando parliamo della perfezione dell'arte dobbiamo ricordare con quali materiali un pittore si confronta con la natura; per la luce del sole dispone solo di un giallo chiaro e un bianco piombo, per l'ombra scura, di colori foschi e fuligginosi."

In merito a queste lezioni non si ha un testo originale ma soltanto la ricostruzione di R.B. Beckett basata su frammenti e appunti ritrovati tra le carte dell'artista e messi a disposizione dal suo biografo Charles Robert Leslie. "

Tale attività portò via tempo alla produzione dei suoi dipinti e le opere presentate alla Royal Academy scesero dalle otto del 1832 alle quattro del 1834, all'unica del 1835. Quest'ultima è La fattoria nella valle, cioè l'abitazione di Willy Lott che vi risiedette, a quanto si disse, per ottant'anni allontanandosene in tutto per soli quattro giorni. Con il tempo il suo cottage divenne uno dei simboli della campagna inglese e di quella vita rurale fortemente legata alla tradizione e che i dipinti di Constable evocano ancora oggi.

Nel 1836 espose Il cenotafio e Stonehenge, quest'ultimo un acquerello, e nel 1837 si dedicò alla realizzazione del Castello e mulino di Arundel, quadro che non riuscì a terminare perché la morte sopraggiunse il 31 marzo dello stesso anno.

Venne sepolto nel cimitero di Hampstead, accanto alla moglie. Charles Leslie organizzò l'asta per la vendita delle sue opere a beneficio dei figli; tentò in ogni modo di salvaguardare il valore dell'arte di Constable e di lottare contro i giudizi negativi. In qualità di suo biografo lasciò molte testimonianze in merito alla vita dell'amico ed al suo operare. Sue sono queste semplici parole che riassumono con felicità un aspetto del Constable lavoratore assiduo e dedito fin dagli anni della giovinezza "Entrambi [Constable e John Duntorne] erano estremamente metodici nella pratica della pittura; portando con sé i cavalletti si inoltravano nei campi e dipingevano una certa veduta solo per un determinato periodo di tempo ogni giorno; quando le ombre avevano cambiato posizione, tutto veniva rimandato alla stessa ora del giorno seguente."

LE OPERE

1

Paesaggio al chiaro di luna con la chiesa di Hadleigh
olio su tela 45,7 x 53,3 cm
Gran Bretagna, collezione privata

Il dipinto è appartenuto alla famiglia Maxwell fino al 1931. Sembra che si tratti della prima opera di Constable e reca la scritta sul verso "John Constable pinxit 1796".
In merito alla tela ci è giunta una lettera del pittore indirizzata a John Thomas Smith "Recentemente ho dipinto una piccola scena al chiaro di luna alla maniera e allo stile di Cranch".
John Cranch era un pittore che Constable aveva conosciuto a Edmonton, noto per le sue scene rurali e romantiche dall'aura spesso spettrale. Pur essendo un artista minore era comunque un professionista e i suoi lavori potevano essere visionati in diverse occasioni. John si rifece al suo

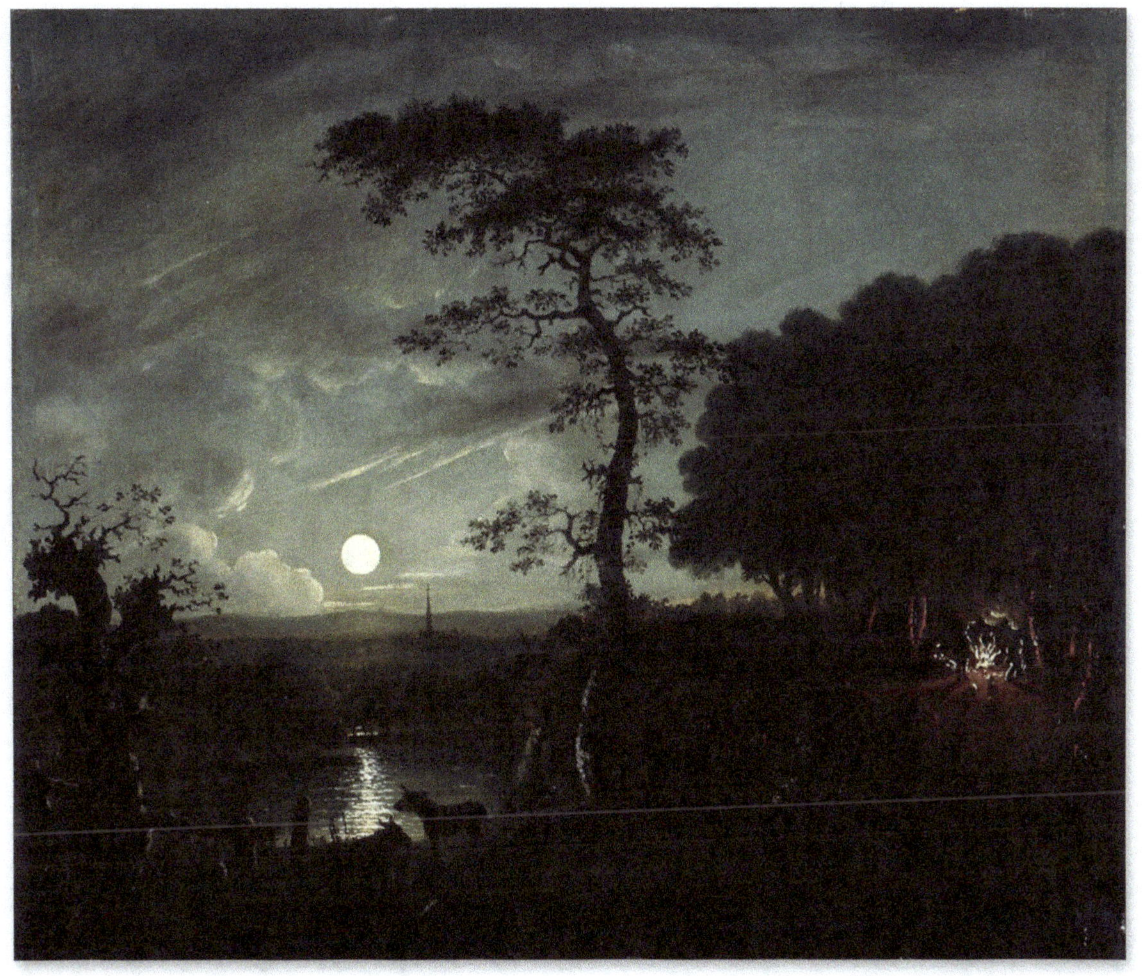

dipinto intitolato Monaci con lanterne al chiaro di luna e fece suoi alcuni caratteri della tela come i chiaroscuri contrastati del fuoco sullo sfondo che Cranch aveva utilizzato per rendere la luce della lanterna in primo piano. Anche lo studio della vegetazione è similare ma va sottolineato che Constable guardò anche ad esempi maggiori come il Paesaggio al chiaro di luna di Rubens, meno scuro ma comunque di carattere romantico con una luna visibile tra le nuvole di passaggio. Ciò che appare del tutto aderente al dipinto è invece l'impianto costruttivo perché il paesaggio si apre in entrambe le opere a sinistra, uno specchio d'acqua riflette allo stesso modo la luce lunare, ci sono ugualmente animali sulla riva e la vegetazione è tutta raccolta similarmente sul lato destro. Il Paesaggio di Rubens era appartenuto a Reynolds e nel 1796 si trovava nella galleria d'arte di William Bryant dove probabilmente John ebbe modo di vederlo.

2

Old Hall, East Bergholt
olio su tela 71,1 x 106,7 cm
Gran Bretagna, collezione privata

Constable dipinse questo quadro nel 1801 per John Reade, proprietario della casa. L'opera è ricordata negli importanti diari di Farington che la commenta così "la sua maniera nel dipingere gli alberi è così simile a quella di George Beaumont che a volte si stenta a distinguerli."
L'osservazione di Farington mette in evidenza che alcune note stilistiche di Constable si dimostravano in comune con quelle dei colleghi e che dunque il pittore si avvicinava, nonostante la sua peculiare autonomia, all'amalgama artistica contemporanea, stimolato tra l'altro dagli stessi scorci naturali

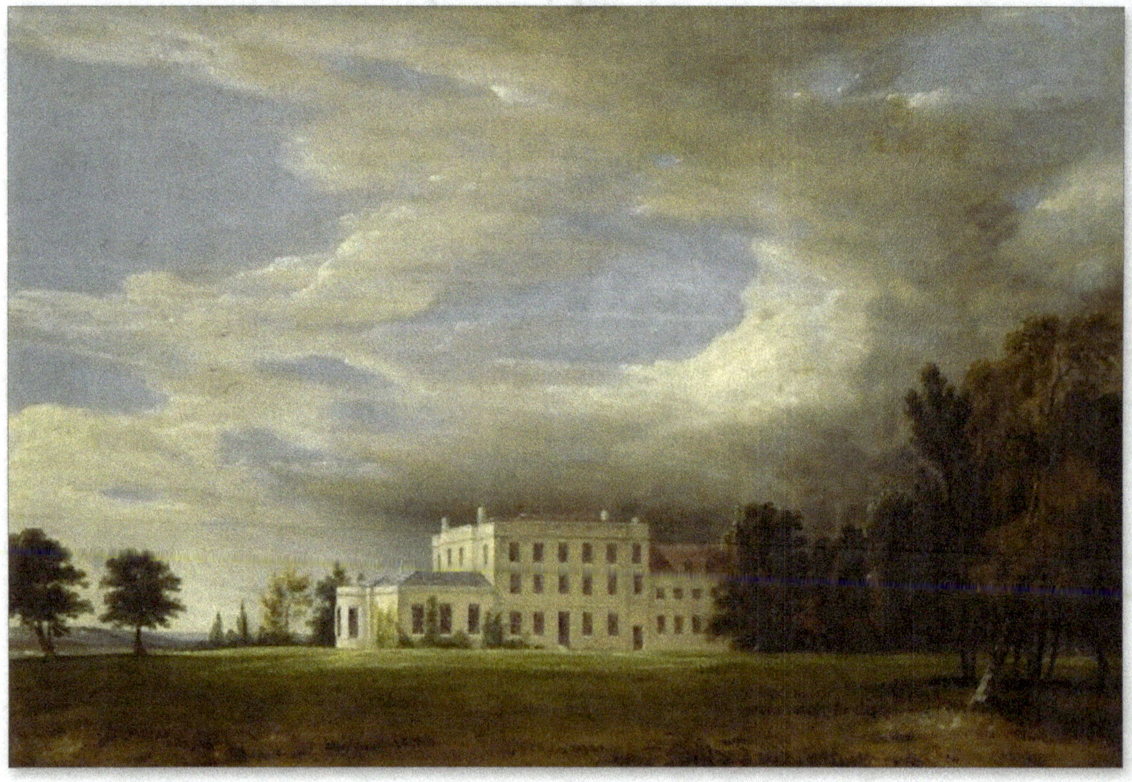

che ogni paesaggista di livello ritraeva nei propri studi. Inoltre l'opera si rifà alla tradizione inglese del XVIII secolo dei "ritratti di case" che collocavano su un piano intermedio l'edificio facendolo risaltare grazie ad un ampio vuoto antistante. Ma per tornare agli alberi, questi ritratti nel dipinto hanno quell'animazione interiore che si ritroverà sempre nel cammino artistico di Constable e che virerà verso un'immediatezza più vicina alla realtà che ai toni romantici espressi dai suoi colleghi.

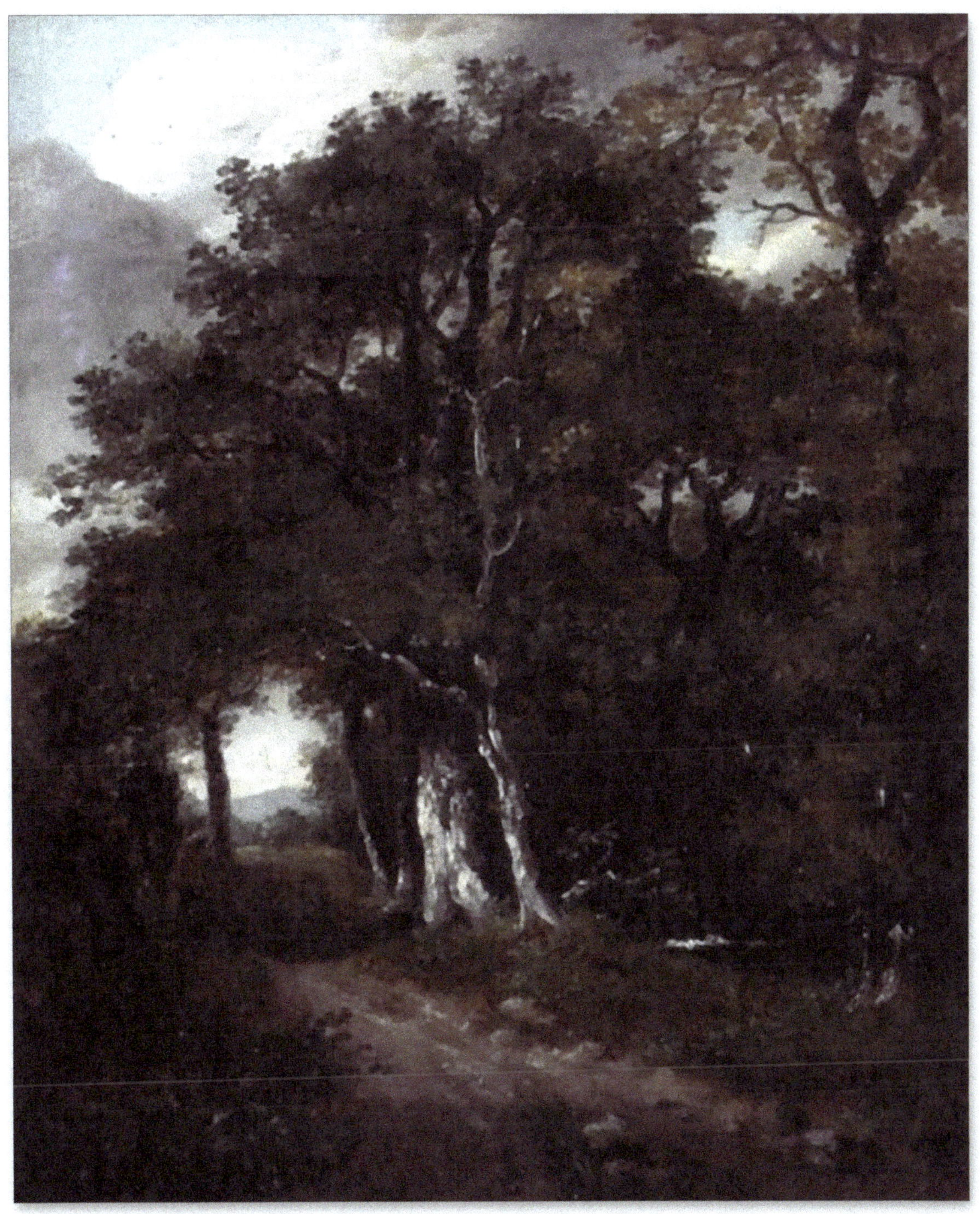

3
Scena boschiva (pag. 43)
olio su tela 30,2 x 25,3 cm
Gran Bretagna, collezione privata

Il dipinto è del 1801 e rappresenta bene l'interesse che Constable aveva per i maestri fiamminghi seicenteschi. Inoltre il tema del sentiero nel bosco è proprio di pittori come Ruysdael e Hobbema che ricorrevano ad una tavolozza argentata, ricchi di riflessi luminosi. L'impianto prospettico sfrutta il punto di fuga posizionato oltre la cortina di foglie scure, in corrispondenza con l'apertura che gli alberi lasciano in direzione dello sfondo ed è caratteristico dello stile di Constable che amava inquadrare la scena in uno scorcio accidentale per rendere più immediata la vista, quindi più aderente alla realtà della visione.
Va detto che, a dispetto di questi elementi originali, ve ne sono anche altri tipici dell'accademia dell'epoca dei quali l'artista aveva amara consapevolezza e che voleva eliminare. Il trattamento della luce, infatti, è piuttosto convenzionale, distribuito in zone arbitrarie che sono volte a creare un ritmo regolato nell'intero dipinto e che contrastano con il taglio prospettico descritto sopra.

4
Bosco
olio su tela 34,3 x 43,2 cm
Londra, Victoria and Albert Museum

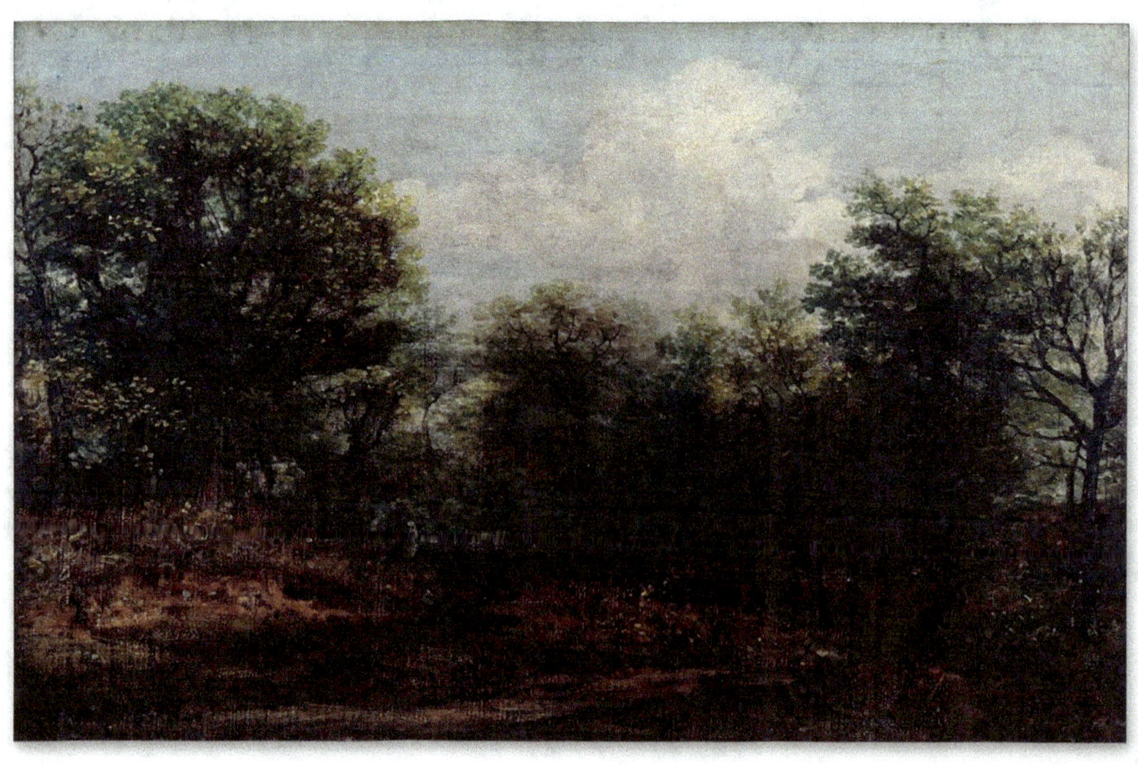

Dipinto nel 1802 questo lavoro è una testimonianza del periodo di studio cui Constable si dedicò in seguito al suo ritorno a Suffolk. L'attività di quell'epoca fu fortemente caratterizzata dall'approfondimento del tema naturale e dalla messa a fuoco dell'ispirazione che ne derivava. L'artista elaborò uno stile estemporaneo e calcolato allo stesso tempo di cui questo dipinto è un importante esempio.
La struttura dell'immagine è costituita dalla disposizione dei tronchi che formano una fila regolare e serrata disposta sulla linea dell'orizzonte in modo che lo spettatore non abbia modo di vederlo. Tale espediente ferma l'attenzione sui soggetti arborei ritratti e puntualizza il fatto che il pittore non volesse realizzare una veduta completa del paesaggio ma fosse interessato ad approfondirne la percezione. Perciò non si ha la fuga prospettica verso il punto dove il cielo tocca la terra, non si vede la varietà del terreno né la presenza antropizzante di elementi architettonici; sono presenti soltanto gli alberi che con la loro opacità fermano lo sguardo e lo obbligano ad osservare. La ricchezza del fogliame riempie ancora di più la rappresentazione e toglie molto alla luce che non riesce a penetrare e rimane ritagliata nella parte più alta del dipinto. Si tratta di un bosco, fitto e spontaneo, impresso sulla tela.

5
Dedham Vale vista dalle Coombs (pag. 46)
olio su tela 43,5 x 34,4 cm
Londra, Victoria and Albert Museum

Rispetto al Bosco, dello stesso anno, Constable dipinge una scena più descrittiva e precisa nei particolari. Qui si ha l'apertura dell'orizzonte con la vista del fiume Stour e del campanile di Dedham, inoltre il paesaggio è visibile in profondità fino al limite della fuga prospettica.
A differenza dell'altro dipinto tutto è visibile e non c'è la massa opaca dei rami e del fogliame che dominano la composizione.
Ispirandosi ancora al Paesaggio con Agar e l'angelo di Lorrain, Constable dispone gli alberi con la stessa geometria ma ne elimina le figure sostituendole con un arbusto. Tuttavia l'artista si allontana dalla serenità del maestro per indagare l'impressione che la natura esercita sul suo animo. In primo luogo la luce non ha la stessa intensità e non si spande con chiarore omogeneo nel cielo; in Constable ci sono grandi nuvole che si distendono in alcuni punti e si accumulano in altri, sfrangiando la luminosità e facendola cadere più tagliente sulle fronde in primo piano. Le foglie scintillano vivamente e sono rese con una pennellata dinamica e allo stesso precisa che serve a descrivere la vita arborea, il suo ondeggiare al vento. Inoltre, seppure l'impianto sia molto simile, la presenza delle piante, il loro imporsi con forza, fanno allontanare il quadro di Constable da quello di Lorrain perché anche in questo caso c'è meno serenità, c'è una natura che si afferma perentoriamente rifiutando l'ordine umano. E' chiaro in questo atteggiamento l'influsso di Gainsborough, anch'esso meno idealizzante del genio lorenese, che dipingeva la massa del fogliame attraversata dalle forze climatiche. Inoltre il maestro amava frazionare la vista del paesaggio accentuando la forza del racconto e questa è una caratteristica che Constable farà sua e che paleserà in molte occasioni.
La Dedham Vale vista dalle Coombs è un'opera che armonizza i vari insegnamenti dei maestri raccolti da Constable e che esprime allo stesso tempo il suo intenso amore verso il paesaggismo e la visione libera da manierismi e da quella bravura accademica che lo aveva allontanato dall'ambiente londinese.

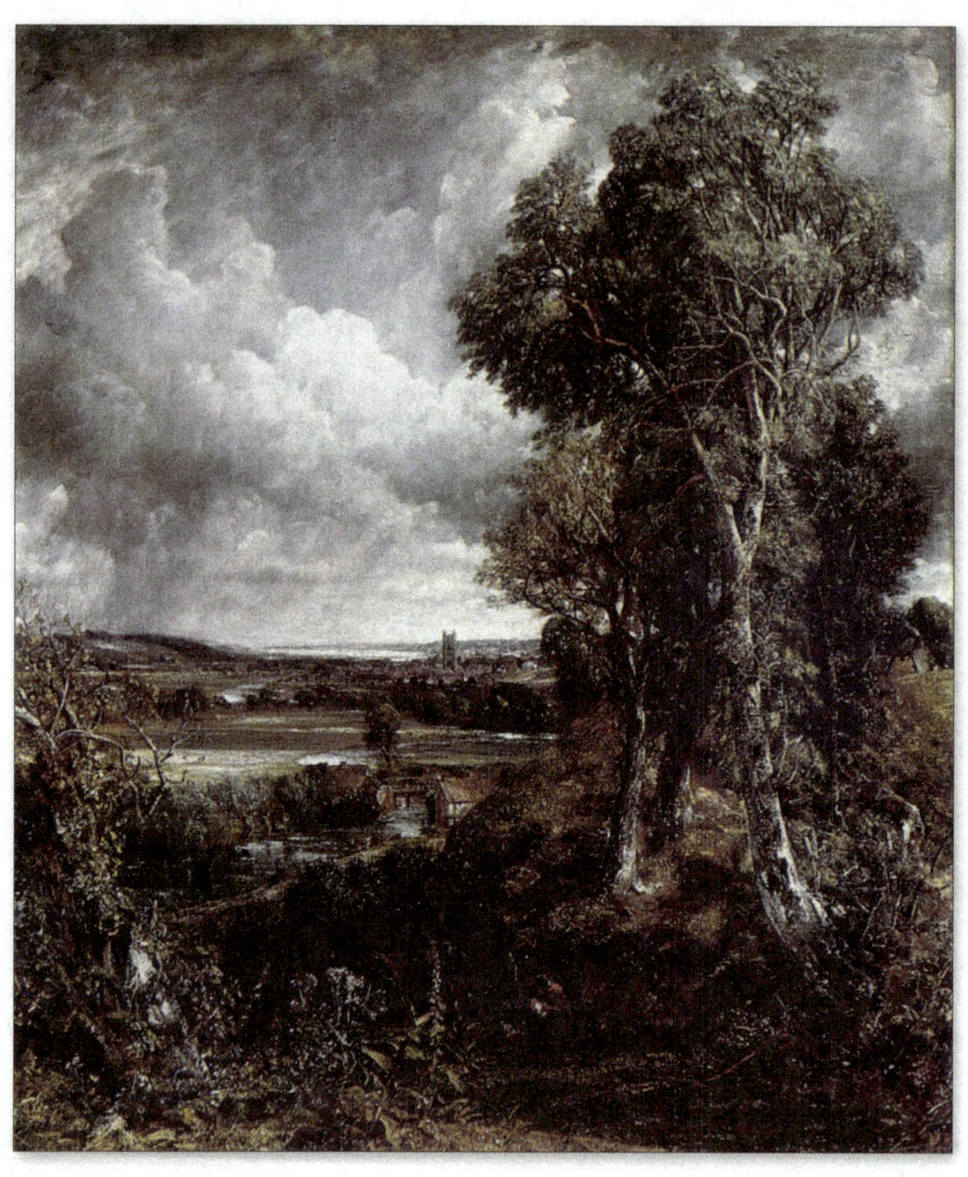

6

Dedham Vale: sera
olio su tela 31,8 x 43,2 cm
Londra, Victoria and Albert Museum

Il dipinto è del 1802 e si affianca alla produzione di quel periodo con uno stile che rimane un po' a
sé. Pur mantenendo la pennellata veloce del Bosco, che in un solo gesto comprende la descrizione
di molti particolari riassumendola nella sintesi di pochi gesti pittorici, non ne ha l'atmosfera
vagamente disturbata ma si apre alla serenità che ricorda Lorrain.
La luce crepuscolare che sorge dall'orizzonte è molto simile a quella del maestro e lascia nell'ombra
la linea di alberi che gli si erge davanti e che proietta forti ombre sul terreno in primo piano. Stesure
di ocra dorato sui campi si accordano con il colore del cielo e rimbalzano sui radi cumuli di nuvole.
La visione è poetica, pervasa da dolcezza, vicina al paesaggio italiano seicentesco.

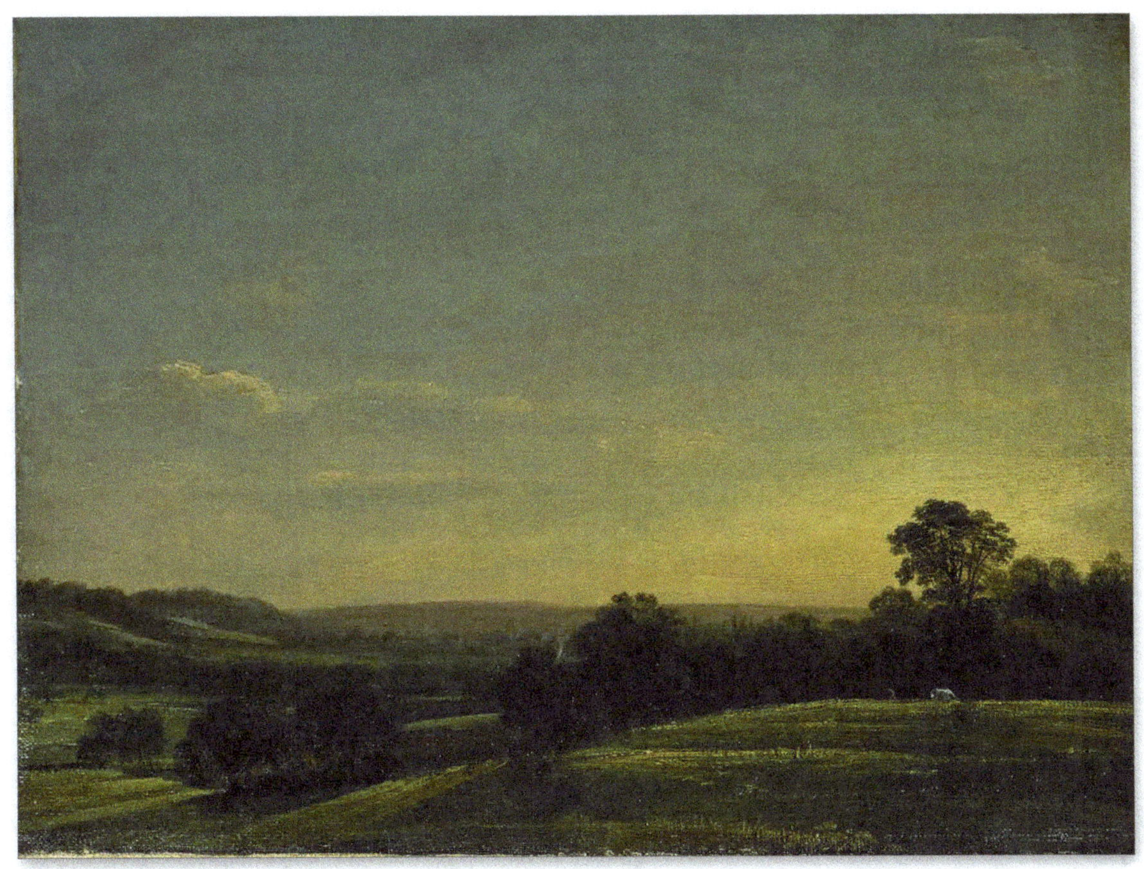

7

La famiglia Bridges (pag. 48)

olio su tela 135,9 x 183,8 cm

Londra, Tate Gallery

Constable realizzò questo dipinto nel 1804 per la famiglia Bridges la quale ne rimase proprietaria fino al 1910, quando venne acquistata da un parente non del tutto diretto, il contrammiraglio Walter Bogue Bridges. Nel 1952 passò alla Tate Gallery con una donazione della moglie.

Si tratta di uno dei primi ritratti che eseguì l'artista e fa parte della sua produzione che rimase sempre esigua. Comprende dieci figure ben caratterizzate, in particolare quelle più adulte, e sono divise cromaticamente per sesso: le donne vestite di bianco, gli uomini di nero. Campeggia fra tutte quella del capo famiglia che comunque non sembra concentrarsi sulla scena ma guardare altrove. Soltanto uno sguardo è rivolto verso lo spettatore, quello di una delle due ragazze che sono davanti al clavicembalo, gli altri vagano sulla tela con un certo disordine che il pittore volle probabilmente per rendere meglio l'atmosfera famigliare.

C'è il contrasto tra la morbidezza dei tessuti bianchi, che si espandono come grandi macchie di un chiarore tutt'altro che candido, e le linee rette dell'arredo e dei vaghi elementi architettonici. Ma questa differenza è attenuata dallo stile sfumato che risolve tutto con pennellate sfrangiate, prive di contorni.

Se si pensa al rifiuto che Constable ebbe per il pencilling, cioè per quella regola accademica secondo la quale ogni soggetto andava delineato con un bordo che gli conferiva nettezza rispetto allo sfondo, appare comprensibile la scelta del pittore ed infine anche caratteristica del suo stile.

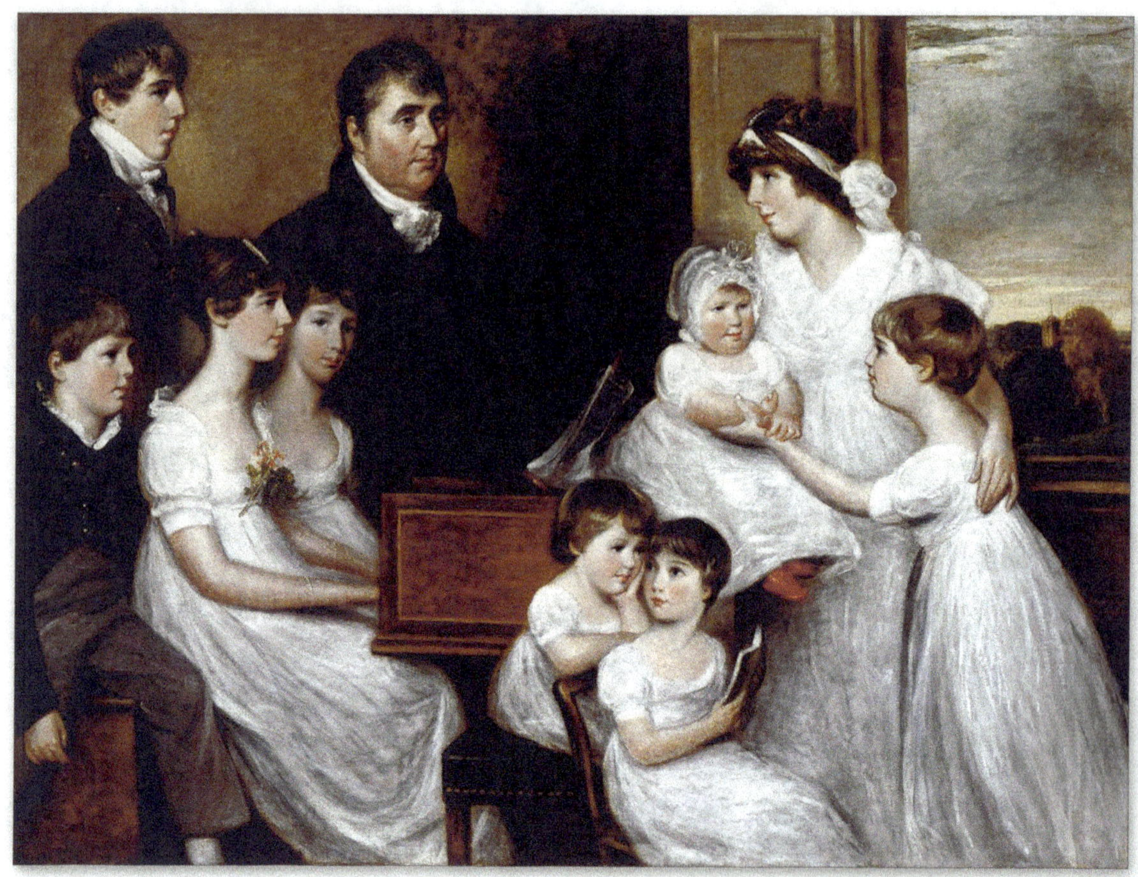

Nella famiglia domina un'evidente compostezza, segno del grado di rispettabilità sociale di cui gode, confermato dalla presenza della musica tramite lo strumento e dell'istruzione in generale rappresentata dal libro che la fanciulla in primo piano tiene aperto. Cultura e buone maniere, come a dire i migliori simboli per un'agiata famiglia inglese.

8

Mary Freer (pag. 24)
olio su tela 76,2 x 63,5 cm (tavola a pag. 24)
Paul Mellon Collection, Yale Center for British Art, New Haven, Connecticut

L'opera gli venne commissionata nel 1809 da Henry Greswolde Lewis che volle un ritratto della figlioccia. Il soggetto è trattato con intensità psicologica e si discosta dalla moda imperante che voleva per i ritratti toni enfatici e celebrativi. Constable sceglie una semplicità per l'intera figura che si fa commovente nella resa dello sguardo. Gli occhi della ragazza sono forti e fragili allo stesso tempo, immobili nell'impegno della posa eppure vibranti. Su di essi brilla una luce viva della quale il pittore ha voluto investire tutto il volto e anche il vestito e le mani. Lo sfondo è scuro, per realizzare un contrasto molto efficace, e si intravede un paesaggio naturale. La giovane ha ancora in mano il cappello, dopo una probabile passeggiata ed ha appena appoggiato il soprabito rosso su una sedia o qualcosa di simile che è impossibile vedere. Ha le guance colorite dal cammino e appare colta al suo ritorno, senza il tempo di potersi riordinare. Per accentuare questa sensazione, ma anche in un ineccepibile accordo stilistico, Constable ha usato una pennellata ampia e sicura che definisce i volumi con grandi macchie di colore. Una maniera sbrigativa eppure precisa, pienamente sintetica che descrive senza dilungarsi e rende bene l'impressione di un incontro improvviso. Più che una posa la ragazza assume l'atteggiamento di una breve pausa, come se attendesse la fine di un rapido messaggio.

La scelta cromatica è semplice quanto finemente meditata: nella parte bassa il rosso e il giallo, in quella centrale il bianco del vestito e dell'incarnato. Le guance sembrano riflette il colore del soprabito e dietro a tutto una tinta scura ed indefinita che fa risaltare il soggetto.

Non ci sono decori né simboli che alludano alla classe sociale; ogni retorica di genere è abbandonata.

9

Bow Fell, Cumberland

olio su tela 20 x 25 cm
New York, collezione privata

Realizzato nel 1807, in un periodo di intensi studi paesaggistici, questo dipinto non incontrò il favore dei contemporanei, pur essendo stato accettato per una mostra alla Royal Academy. Constable lo realizzò basandosi su un disegno di preparazione che apparteneva alla lunga serie di schizzi eseguiti dal 1806 al 1810. Persino Farington fu critico e a tutt'oggi c'è imbarazzo di fronte ad una tela così magra nel materiale e dalla pennellata fortemente gestuale tanto da risultare ad alcuni immatura.

Che l'entità del segno pittorico fosse parte integrante dell'espressione di Constable è un fatto evidente ed è anche acclarata la sua volontà di sintetizzare le caratteristiche della pittura con quelle della natura da ritrarre, ma in questo caso l'insistenza con la quale il pennello ha cercato di rendere

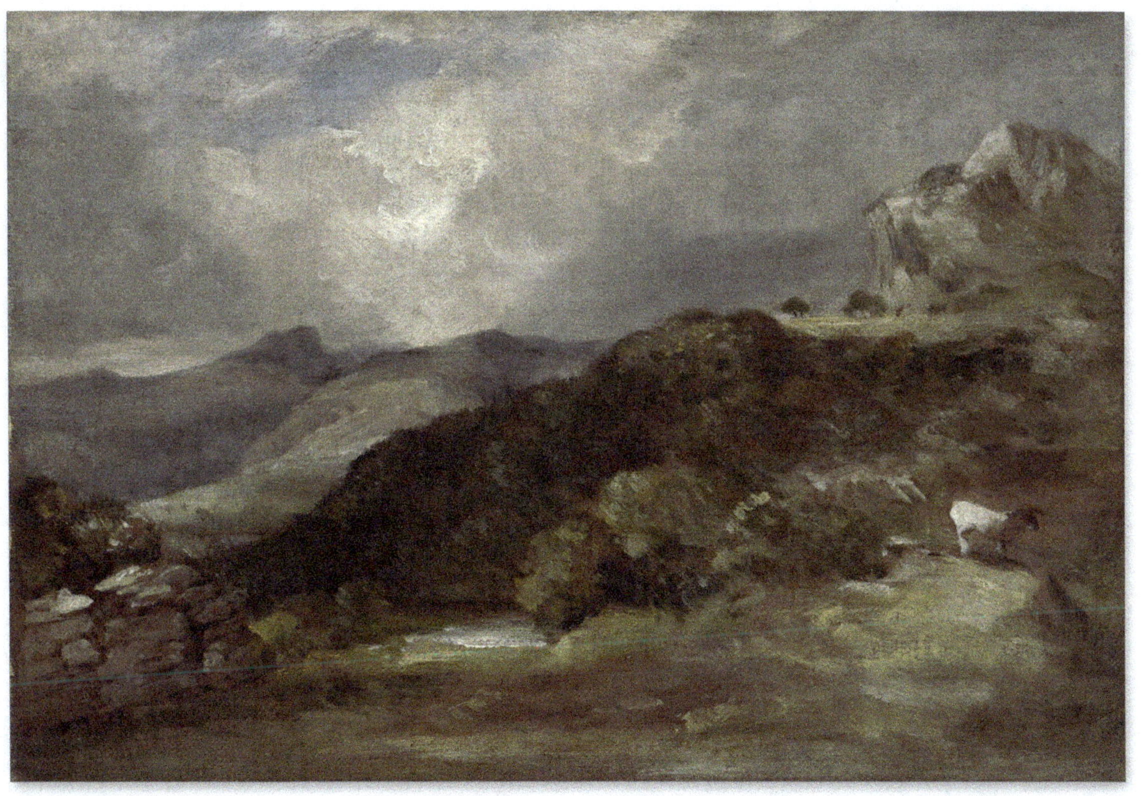

la vegetazione sembra un ripetersi non del tutto controllato di tale intento. Qui non si hanno le foglie descritte ad una ad una mentre il vento le attraversa e le piega tutte nella stessa direzione; si è davanti a degli accostamenti cromatici che subiscono un'inclinazione e che si appiattiscono in una stesura senza riferimenti, lontana dall'impressione immediata a cui il pittore si era sempre rifatto e che poi aveva ricostruito con ragione e calcolo. Nel caso di questo dipinto la ragione sembra deconcentrata ed il calcolo poco preciso.

Troviamo, come in altri casi, la fibra della tela a concorrere con l'intensità dell'espressione, eppure qui sembra emergere troppo e farsi grossolana sotto al velo di pittura che non riesce ad integrarla.

Va detto che anche il disegno preparatorio dimostra la volontà di turbare la composizione con una massa molto scura che taglia a metà il paesaggio senza tentare di armonizzarsi con esso. Di fatto la poetica di Constable si dimostra spesso incostante e febbrile, aperta alle convulsioni di una ricerca nemica dello stile e degli accomodamenti estetici. Pertanto il dipinto non rinnega la sua forza sconcertante ed è forse meglio considerarlo nell'arco produttivo di quegli anni come un palpito creativo diverso ma niente affatto avulso.

10
La chiesa di East Bergholt vista da Church Street
olio su carta trasferito su cartone 19 x 14,6 cm
Paul Mellon Collection, Yale Center for British Art, New Haven, Connecticut
Questo studio del 1809 rappresenta bene la crescita stilistica di Constable che evolve la pennellata verso un gusto materico di forte valenza sintetica.

Le piante e il cielo hanno la stessa compattezza delle costruzioni e pertanto non si coglie la diversità dei corpi, dei materiali che li formano, ma l'identica vibrazione che hanno nell'ambiente il quale li contiene e li conturba allo stesso tempo. Il passaggio delle nuvole è incisivo perché espresso con colpi di pennello talmente solidi da lasciare quasi del tutto intatta l'identità dell'impasto a olio. Un punto di unione tra materiale e rappresentazione, cioè l'allineamento tra quanto viene ritratto ed il mezzo che lo ritrae; questo per non frapporre nulla fra ciò che il pittore ha visto ed il suo desiderio di ripeterlo sulla carta, nell'intento di ricreare l'impatto fisico che ha vissuto.

Per ottenere questo Constable taglia corto sulle regole prospettiche e sulle linee descrittive che gli erano state raccomandate in Accademia; lui agisce per approssimazione eppure in modo preciso, con una velocità che non perde i dettagli ma li fonde tutti insieme facendoli migrare l'uno dentro l'altro ed ottenendo alla fine un passaggio di colori e spessori felicemente narrativo.

Si riconoscono in questo lavoro le influenze dei pittori paesaggisti che Constable dovette studiare in buona misura: Richard Wilson, Thomas Hearne, Thomas Jones; artisti che interpretarono il genere del paesaggio secondo chiavi più o meno simboliche, più o meno espressive. In particolare, nel caso di Thomas Jones, troviamo nel suo dipinto intitolato Carneddau, visto da Pencerring una visione carica di forza evocativa: il paesaggio collinare si stende verso l'orizzonte salendo al cielo che però non è visibile perché ingombro di nuvole bianche in movimento. La massa candida, a tratti maculata di grigio, è sfrangiata nella parte bassa, quasi a lacerarsi o a rimanere imbrigliata contro le sommità terrene, e fa sfumare la vegetazione sporcandone i profili e lasciandoli indefiniti. Una scelta tutt'altro che usuale dal momento che contrasta quella che poteva essere una visione chiara ed equilibrata; ma proprio grazie a questa scelta il quadro acquista immediatezza e diventa coinvolgente.

Tale sensibilità è propria anche dello stile di Constable e grazie agli esempi dei suoi colleghi egli poté maturarla in se stesso con maggiore profondità.

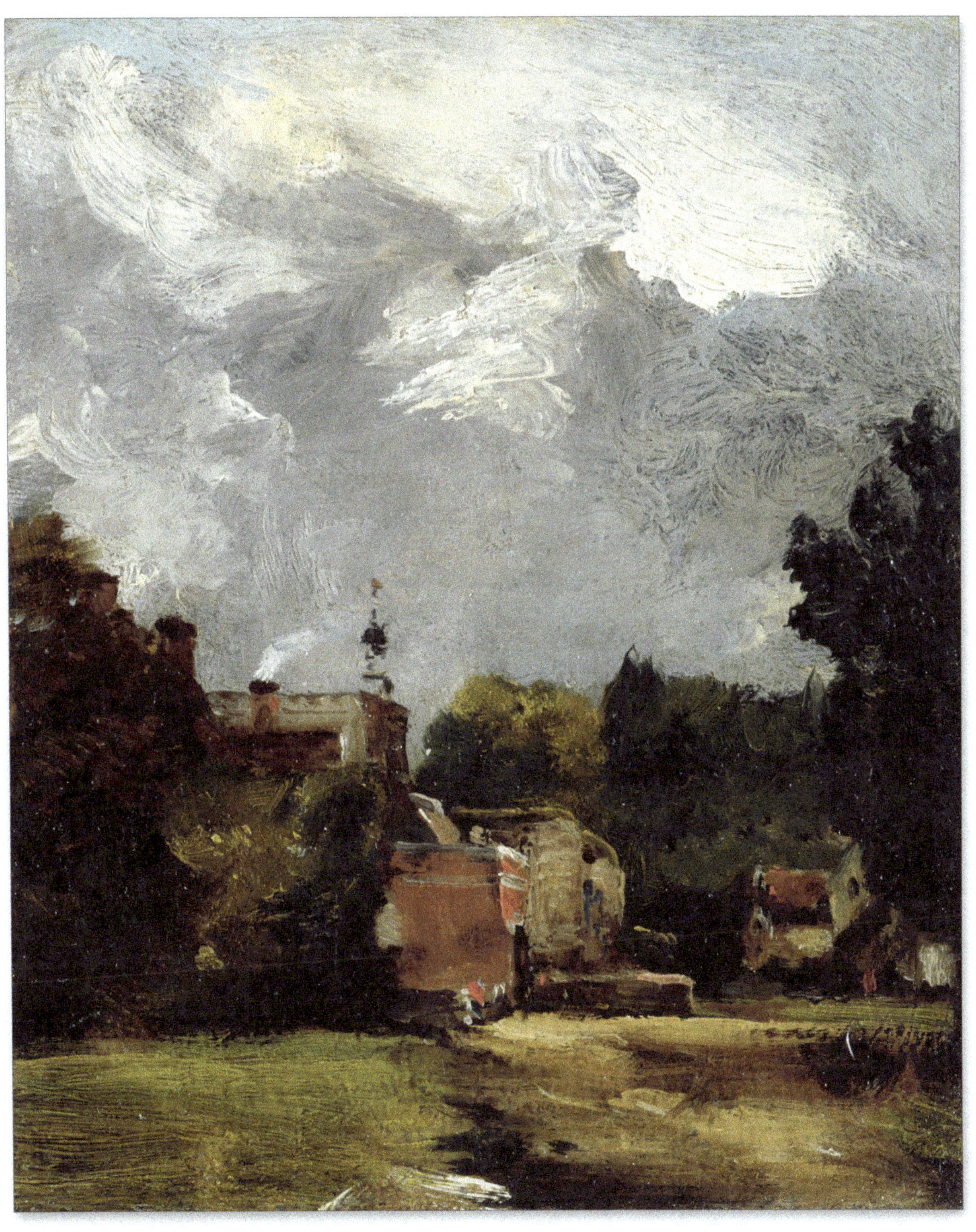

11
Malvern Hall vista dal lago
olio su tela 51,5 x 76,9 cm
Tate, Londra

Questo dipinto rappresenta una svolta stilista per il maestro dal momento che si tratta di un olio su tela eseguito en plein air.

La prima fase di realizzazione fu simile a quella dei numerosi studi che Constable eseguì in quel periodo con olio su carta ma per una sorta di esperimento personale il pittore si decise a portarlo a compimento come opera finita.

Fu un'operazione che gli altri artisti non avevano ancora preso in considerazione dal momento che preferivano dipingere su tela all'interno dei loro atelier e persino per Constable non rappresentò inizialmente un lavoro molto significativo; è noto infatti che lo tenne per sé, senza cercare di venderlo, e che ritornò su questo tipo di esecuzione soltanto cinque anni più tardi.

Del resto dipingere tutto il quadro all'aperto non era cosa facile perché l'intento dell'autore era quello di cogliere il cambiamento della luce solare e a tale scopo era certo più adatta la tecnica dello schizzo ad olio.

Tuttavia il maestro riuscì perfettamente nell'impresa e ritrasse l'ora tarda del pomeriggio quando la luce non è più così incisiva e le ombre si allungano molto.

Pur guardando sempre allo stile di Lorrain, e ai suoi cieli luminosi, Constable ne abbassò l'intensità ottenendo un'atmosfera meno enfatica e più intima; la grande casa rimane arretrata rispetto al primo piano, sovrastata dallo specchio del fiume nel quale si riflette e i suoi volumi sono morbidamente

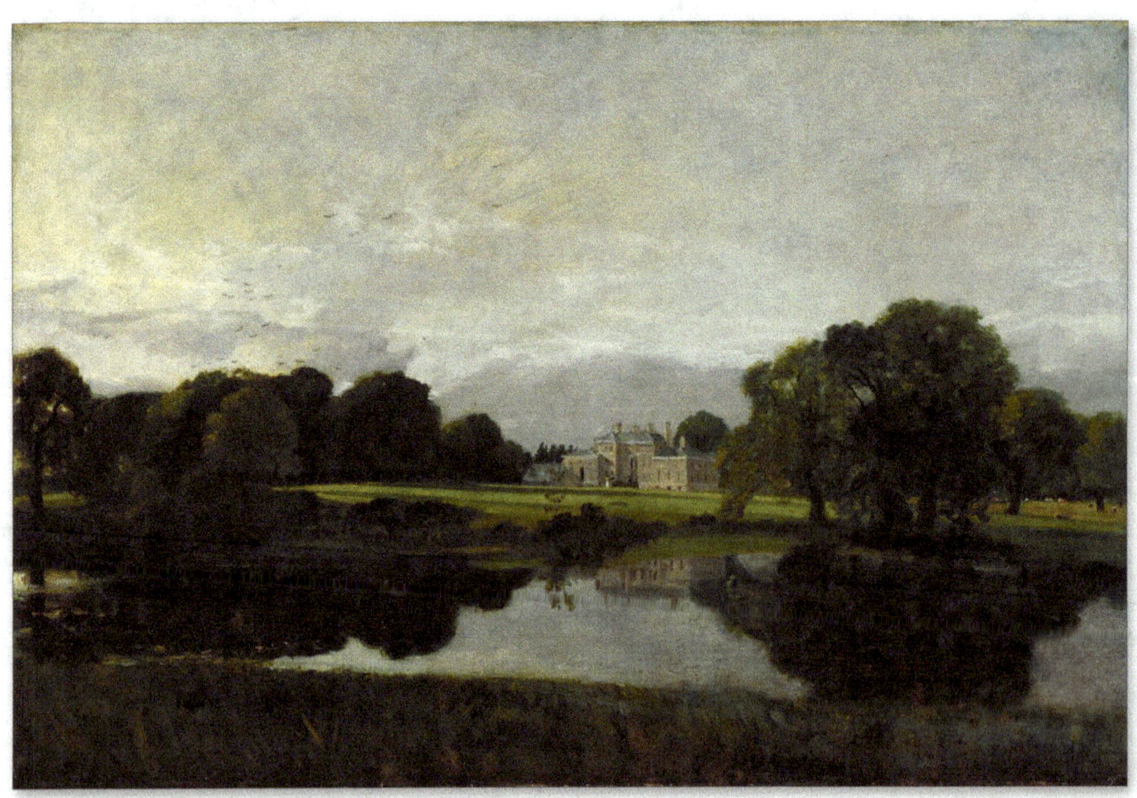

delineati, senza la nettezza che la scuola accademica professava.

Come detto il cambiamento della luce dovette costringerlo a lavorare velocemente e con la difficoltà di forzare il mezzo pittorico che era considerato adatto alla calma dello studio e alla meditazione lenta dell'immagine. I segni di questo impegno si leggono chiaramente nella trama della tela che non è stata del tutto patinata dai pennelli e che emerge sotto la stesa cromatica diventando così parte integrante del quadro. La sua ruvidità esalta i gesti del pittore, il suo gusto per la rappresentazione istantanea e realistica; Constable intende ritrarre allo stesso tempo il paesaggio e le emozioni che prova nel guardarlo, e lo vuole fare con pari intensità. Questo prevede che ciò che osserva sia riportato sulla tela tramite l'immagine e che ciò che sente lo sia tramite la pastosità dell'olio, del supporto, e la gestualità delle pennellate. Ne risulta un dipinto carico di espressione, profondamente vissuto nel proprio intimo; si guardi alle due masse arboree che inquadrano la casa, ancora un riferimento a Lorrain, e che si specchiano nel corso d'acqua: sono più grandi se viste nel fiume, e più scure. Questa scelta, al di là del fatto che sia realistica o meno, crea una forza nella composizione, una base potente sulla quale può svettare il resto del dipinto; Constable costruisce l'immagine intera partendo da imponenti fondamenta, in questo modo l'edificio sarà più leggero, delicato, e il cielo più alto, etereo.

A differenza di Lorrain lui non utilizza il massimo della luce e non la posiziona sulla linea visiva dell'osservatore ma la esalta tramite un gioco di chiaroscuri che parte dalla terra e si interrompe bruscamente a contatto con l'aria, senza che questa debba essere necessariamente solare.

Ma comporre la scena in questo modo avrebbe potuto comportare un taglio orizzontale troppo netto e forse persino troppo semplice; allora il maestro squarcia il verde intenso e cupamente ombreggiato del prato e del riflesso degli alberi nell'acqua con quello del cielo. Abbiamo un triangolo bianco che campeggia al centro del dipinto.

Il resto sono pennellate veloci a forma di nuvole in alto e pennellate veloci a forma di erba in basso. E sono proprio queste pennellate ad incarnare il fremere della natura che si vede nelle chiome mosse dal vento, nelle striature dell'acqua ed infine negli uccelli che si alzano in volo.

Si tratta di emozioni meditate, della mente di un uomo tradotta in paesaggio, di una personalità che non si nasconde dietro ad una veduta ma che vi si traduce.

Constable realizzò il quadro nel 1809, preludendo con esso ad una serie di dipinti che conosceranno sempre più libertà espressiva a scapito di quella meramente narrativa.

12
Dedham Vale, 1811 (pag. 54)
olio su tavola 21 x 41,3 cm
Collezione privata, in prestito al Birmingham Museums and Art Galleries

13
Dedham Vale: mattino, 1811 (pag. 54)
olio su tela 78,8 x 129,5 cm
Collezione privata

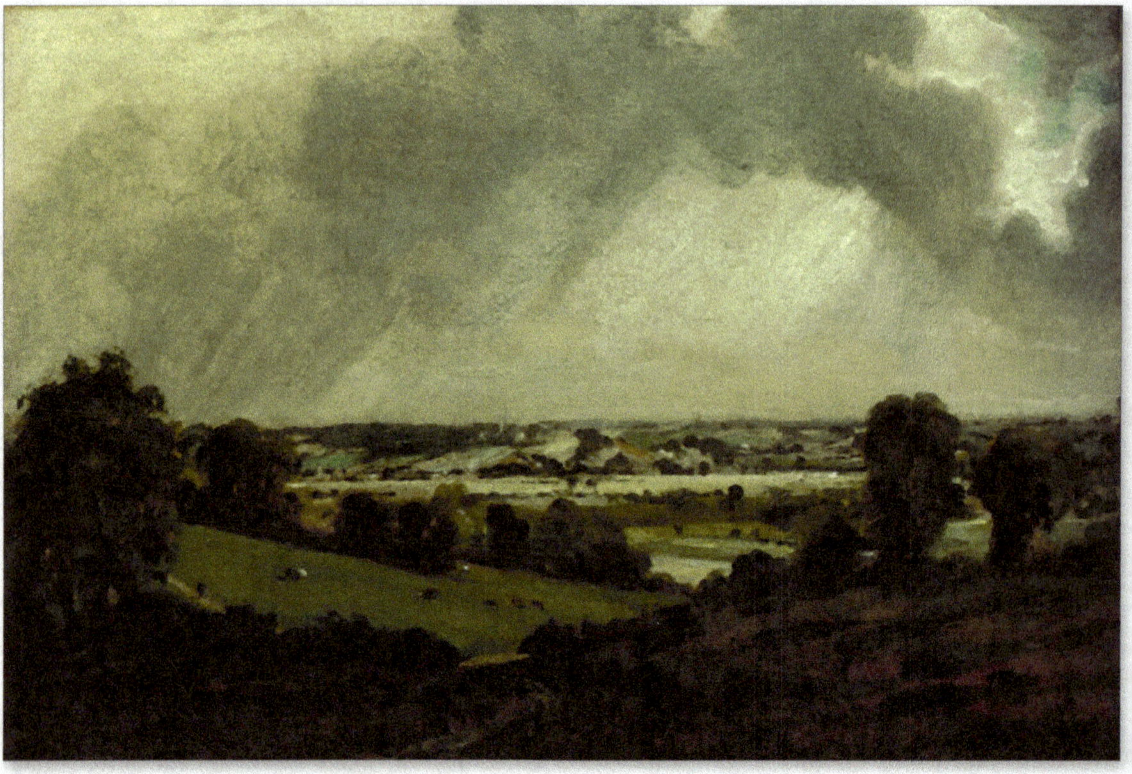

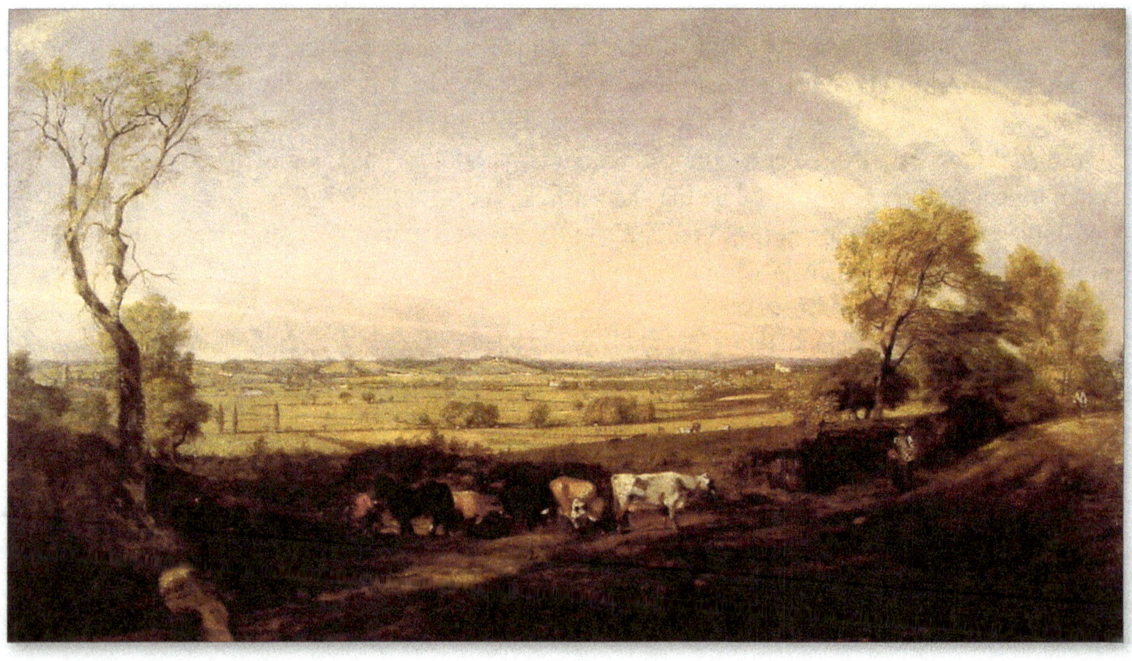

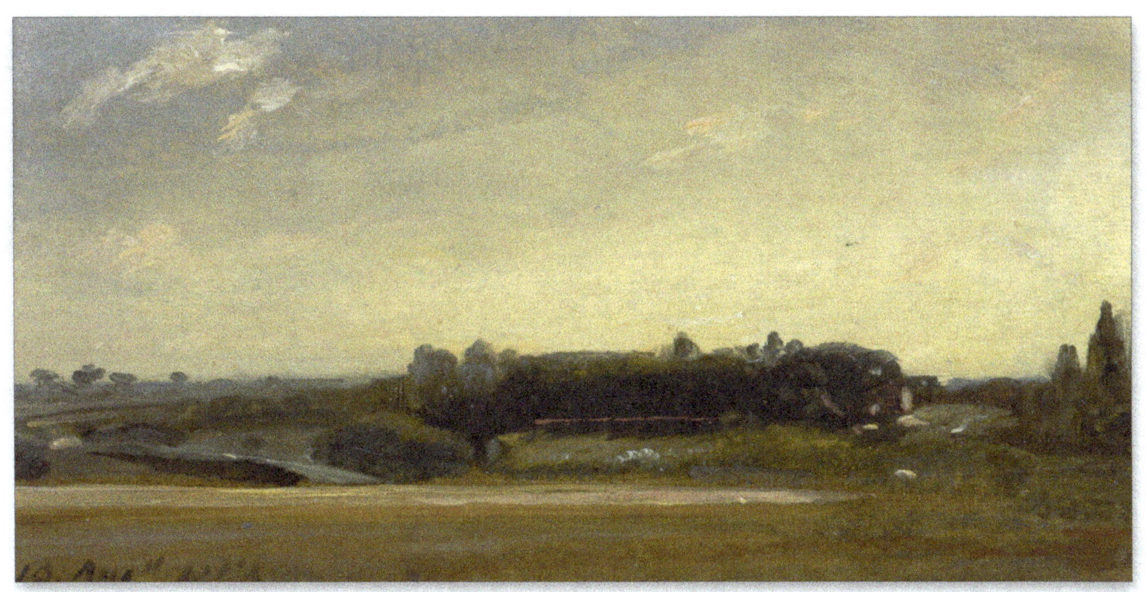

14
Veduta sulla canonica, East Bergholt, 1813
olio su tela 10,7 x 14,2 cm
Paul Mellon Collection, Yale Center for British Art, New Haven, Connecticut

15
La valle dello Stour e il villaggio di Dedham, 1815
olio su tela 55,5 x 77,8 cm
Warren Collection, Museum of Fine Arts, Boston, Massachuttes

Queste quattro opere, che si sono succedute nel giro di pochi anni, testimoniano bene l'evoluzione stilistica di Constable. Il dipinto ormai è per lui la constatazione di quanto prova davanti allo spettacolo naturale, ed in questa natura, egli contempla anche se stesso. Ma è un se stesso plasmato proprio dall'atto del guardare; non è spontaneo, immediato, piuttosto si tratta della risultante del lavoro pittorico che collima con quello emotivo.

Constable adesso avverte ogni piccola cosa e ne fa testimonianza: si emoziona per l'albero che osserva, per il fatto di poterlo ritrarre, per la tela che riceverà le sue pennellate. Tutto converge nell'opera e ne nasce una sintesi che determina il suo stile e che si rivela coerente in ogni lavoro.

Si guardi Dedham Vale del 1811; è evidente l'intenzione di essere esaustivo in pochi tocchi di colore. I gesti pittorici sono minimi e delicati, hanno una consistenza trasparente e si sovrappongono uno sull'altro creando profondità atmosferica. In altre parole dipinge lievemente perché non ha in mente il quadro in senso classico ma il dipinto come epifania sensoriale, come traccia di quanto visto, compreso e tradotto. Vale a dire che l'idea di fondo c'è ed è dominante, e che sia il soggetto, sia la tecnica pittorica, seguono tale idea e si assoggettano ad essa.

Quindi non ha importanza l'esattezza dello sfumato o del disegno, non è fondamentale creare prospettiva né stratificare il colore in modo che l'opera acquisti ricchezza materiale; l'importante

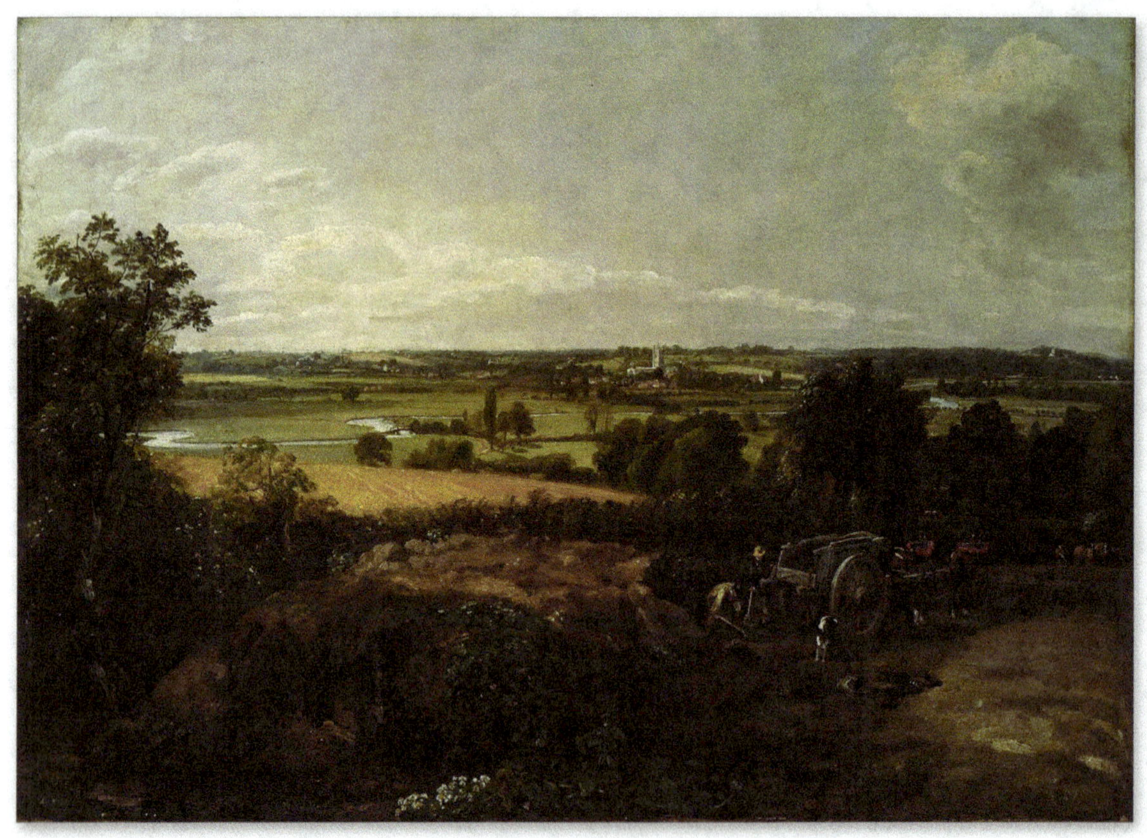

è essere coerenti con l'espressione, piegare ogni parte dell'opera all'idea che attende di essere espressa. Il dipinto accenna sinteticamente al terreno, agli alberi, ad un cielo ingombro di nuvole striate; ed è proprio la sintesi che li rende parti imprescindibili della sua poetica, elementi irradianti di un pensiero artistico che altrimenti si sarebbe diluito in un'esattezza pittorica fuori luogo. Il talento trova le sue vie: in questo caso scava il suo solco nella velocità del tratto, nel gusto per lo studio dinamico, immediato.

In Veduta sulla canonica, East Bergholt, del 1813, troviamo gli stessi elementi: il paesaggio è reso con grandi zone di colore che spartiscono sinteticamente in tre parti la composizione. In basso c'è il terreno che si inaridisce nella zona centrale, lasciando ai margini l'erba ma creando uno specchio riflettente della luce che è diffusa nel cielo. Questo è acceso sulla linea dell'orizzonte e concede soltanto alle nuvole più alte di delinearsi autonomamente mentre nella parte bassa è un miscuglio di luce e colore. In mezzo ci sono le masse arboree, di verdi diversi, tra le quali spicca quella più grande e più scura che è una zona d'ombra molto incisiva, in pieno contrasto con al chiarezza di tutta la scena. Questa è una costante dello stile di Constable: l'utilizzo del contrasto luminoso, il rifiuto dell'armonizzazione. Tale espediente concede al pittore di non allontanarsi da quella che considera la verità del suo sentire, la sincerità della visione che vuole tradurre nel quadro.
Se si passa a La valle dello Stour e il villaggio di Dedham, del 1815, si vede che questi contrasti sono stati mantenuti benché la descrizione della natura sia più dettagliata ed il risultato appaia maggiormente realista. In questo caso il fogliame, le asperità del terreno, i particolari del carro e

degli uomini al lavoro sono approfonditi e le pennellate sono più precise. Tuttavia risalta fortemente la massa di letame ricoperta di vegetazione che è posta in primo piano e che sembra prevalere su tutta la scena. In realtà è evidente che le cose non stanno così e che la scelta di Constable è dovuta al desiderio di mantenere il dinamismo della percezione, cioè la sensazione visiva di un accadere immediato che investe lo spettatore prima che esso abbia modo di riordinare nella mente la sua visione.

In altre parole una banale sporgenza dalla terra dovrebbe essere un particolare secondario della scena e questo non tanto perché non sia interessante a livello pittorico ma perché l'occhio di chi guarda è portato a privilegiare i gesti umani, quindi il lavoro degli uomini vicini al carro; ma proprio per questo Constable decise di non metterlo in secondo piano, perché se così avesse fatto quel volume di rifiuto e vegetazione sarebbe risultato fin troppo laterale alla narrazione e questo avrebbe voluto dire ordinare la composizione del dipinto secondo una gerarchia antropica: sapendo che la preminenza l'avrebbero avuta i due braccianti decise di arretrarli per riequilibrare il quadro. Ovviamente si può pensare che l'ostentazione del letame abbia una connotazione di genere, aneddotica, se non addirittura metaforica, ma tale spunto appare, a mio avviso, secondario dal momento che l'uso di eventuali espedienti, la cui carica arriva stemperata fino a noi, non conferisce ormai un valore consistente alla fruizione dell'opera. Ciò che risulta più significante è la collocazione degli elementi paesaggistici accanto a quelli prettamente umani.

In Dedham Vale: mattino, del 1811, la composizione è aperta, molto spaziosa, ed è delimitata da due alberi laterali, secondo la mai dimenticata lezione di Lorrain. Tuttavia la presenza delle piante appare qui accidentale perché lo stile con il quale sono rese è più scabro e toglie loro importanza. Si ha la sensazione chiara che se il pittore si fosse spostato anche soltanto di qualche metro la scena sarebbe apparsa del tutto differente. Così è perché Constable non voleva celebrare l'inquadratura che stava dipingendo bensì attestare che una veduta valeva l'altra e che ciò che valeva veramente era saper vedere.
Naturalmente ogni quadro del maestro è frutto di una valutazione e di un calcolo precisi, ma è noto a tutti il concetto che i particolari di un'opera che sembrano più casuali sono invece i più pensati. Questo dipinto mostra un ampio orizzonte e poi degli animali al pascolo, ben evidenti eppure non forti quanto lo è il cielo che tutto sovrasta. Sarebbe bastato avvicinarsi un po' di più a loro per renderli i protagonisti della scena, oppure si sarebbe potuto lasciarli in disparte allontanandosene in modo che diventassero delle piccole macchie perse tra i campi. La misura di Constable è questa: un equilibrio transitorio, del momento, talmente esatto da riempire la visione dello spettatore che non si chiede quale altro paesaggio avrebbe potuto ammirare perché quello che osserva lo riempie del tutto con il calcolo che nasconde.
L'opera gli venne commissionata da Thomas Fitzhugh in occasione del matrimonio con Philadelphia Godfrey con il desiderio di ricordarle i luoghi della fanciullezza quando fosse stata a Londra. La precedettero degli studi di preparazione e poi venne eseguita all'aria aperta. Di quel periodo di lavoro Constable ricorda questi particolari "Qui sono considerato poco socievole; i miei cugini non mi possono mai infatti avere a passeggio con loro, dal momento che non sono mai a casa fino a sera. Ero desideroso di sfruttare la maggior parte del bel tempo per lavorare all'aria aperta. Ho quasi terminato il dipinto della vallata per il signor Fitzhugh (un dono per la signora G. da contemplare a Londra)".

16
Cantiere navale nei pressi di Flatford
olio su tela 50,8 x 61,6 cm
Londra, Victoria and Albert Museum

Si ha di questo dipinto del 1815 un disegno di preparazione cui Constable si dedicò per studiare i particolari della barca. In effetti questa risultò poi il soggetto principale del quadro. A quanto risulta l'opera fu eseguita parallelamente a La valle dello Stour e il villaggio di Dedham. A questa venivano dedicate le ore del mattino e all'altra quelle del pomeriggio.

Ma non sono soltanto le giornate di lavoro ad essere condivise da queste due tele perché è noto che Constable, in quel periodo, aveva letto Saggi sulla natura e sui principi del gusto di Archibald Alison (1757-1839) e che probabilmente i contenuti del libro lo avevano interessato e ne avevano conosciuto l'eco nella sua pittura, ed in particolare nei dipinti eseguiti in quell'espoca. Secondo Alison nessun oggetto è bello o brutto a priori ma acquista valore estetico in base al legame emotivo che le persone gli attribuiscono. Questo legame nasce dal vissuto, dalla sfera dell'esperienza e dei ricordi per cui è fondamentalmente soggettivo. Inoltre esercita la sua forte influenza anche la cultura e i valori sociali che circondano l'individuo.

Ne deriva un'estetica relativistica che apre verso molte direzioni il dibattito circa il modo di usufruire dell'opera d'arte e di goderne.

Sotto questo punto di vista il quadro di Constable può essere interpretato come un esempio di pittura associazionista, cioè la raffigurazione di una scena che contiene diversi elementi capaci di evocare brani del proprio vissuto che lo spettatore ha piacere di rivivere tramite il ricordo indotto.

In effetti, se si pensa alle caratteristiche della committenza, cioè all'alta borghesia che chiedeva la rappresentazione dei propri possedimenti nei quali la famiglia era cresciuta e aveva prosperato, è evidente che le opere che ne derivavano dovevano avere i caratteri della rievocazione. Detto questo non è difficile immaginare le emozioni che potevano provare gli acquirenti del dipinto quando vedevano riprodotti i particolari della loro storia tramite l'enfasi della pittura; ciò che gli apparteneva nel vissuto veniva celebrato esteticamente e questo era bello, era la bellezza.

Tali suggestioni, nonché queste precise connotazioni artistiche ed in parte filosofiche, forse non hanno la stessa concretezza ai nostri occhi contemporanei; ciò che la società di Constable viveva in quei tempi non è difficile da ricostruire né da immaginare, ma provare piena immedesimazione è tutt'altra faccenda. L'affezione di coloro che osservavano i suoi quadri, con alle spalle il vissuto privato, caratteristico della loro condizione sociale e degli interessi coltivati in quel determinato paese, è un patrimonio disperso nelle lontananze del tempo, difficile da ricomporre. A noi rimane l'eredità artistica che stimolarono in vita e siamo necessariamente portati a considerarne le opere apprezzandone le caratteristiche importanti per ogni età.

Cantiere navale nei pressi di Flatford Mill è un dipinto che ci appare perfettamente equilibrato grazie al consueto studio sullo squilibrio che Constable in quegli anni andava sempre più approfondendo. La grande barca centrale ha una mole che sovrasta tutto il resto, in particolare le figure umane che ne condividono lo spazio. Se si guarda alla donna posta a destra della composizione, che sembra avviarsi verso il bosco, se ne coglie facilmente la piccolezza. Il ragazzo che lavora davanti all'imbarcazione recupera la proporzione ma è comunque una sagoma minuta in confronto all'imponenza dello scafo. La scelta è di grande effetto perché si ha l'impressione che la prua avanzi verso lo spettatore e questo conferisce immediatezza alla scena.

Constable avrebbe potuto ritrarre la grande conca di legno da un punto di vista diverso: lateralmente, oppure circondata dalle masse del terreno o dalla vegetazione. Invece l'ha collocata nel punto dove l'occhio si ferma non appena osserva il quadro e ne ha sfruttato l'attenzione per far risaltare il soggetto che ha dipinto. Questa è psicologia della visione, sensibilità verso le dinamiche della vista e della percezione. Il suo quadro non rappresenta soltanto il soggetto ma vuole coinvolgere lo spettatore nella stessa misura in cui lo sarebbe se si trovasse veramente davanti a quel paesaggio.

A rinforzare questo effetto contribuisce l'arretramento degli alberi che non sono presenti per incorniciare la scena ma per esaltarla.

Il tema del dipinto è stabilito con chiarezza e tutti gli oggetti disseminati nel campo sono coerenti. Inoltre la barca si trova dentro la conca di terra che è a livello dell'acqua e che ne faciliterà il varo, quindi Constable descrive con precisione narrativa il luogo e la sua destinazione.

Questa caratteristica si rafforzerà sempre di più nei quadri successivi e lo stile del maestro si farà maggiormente minuzioso, di sapore letterario.

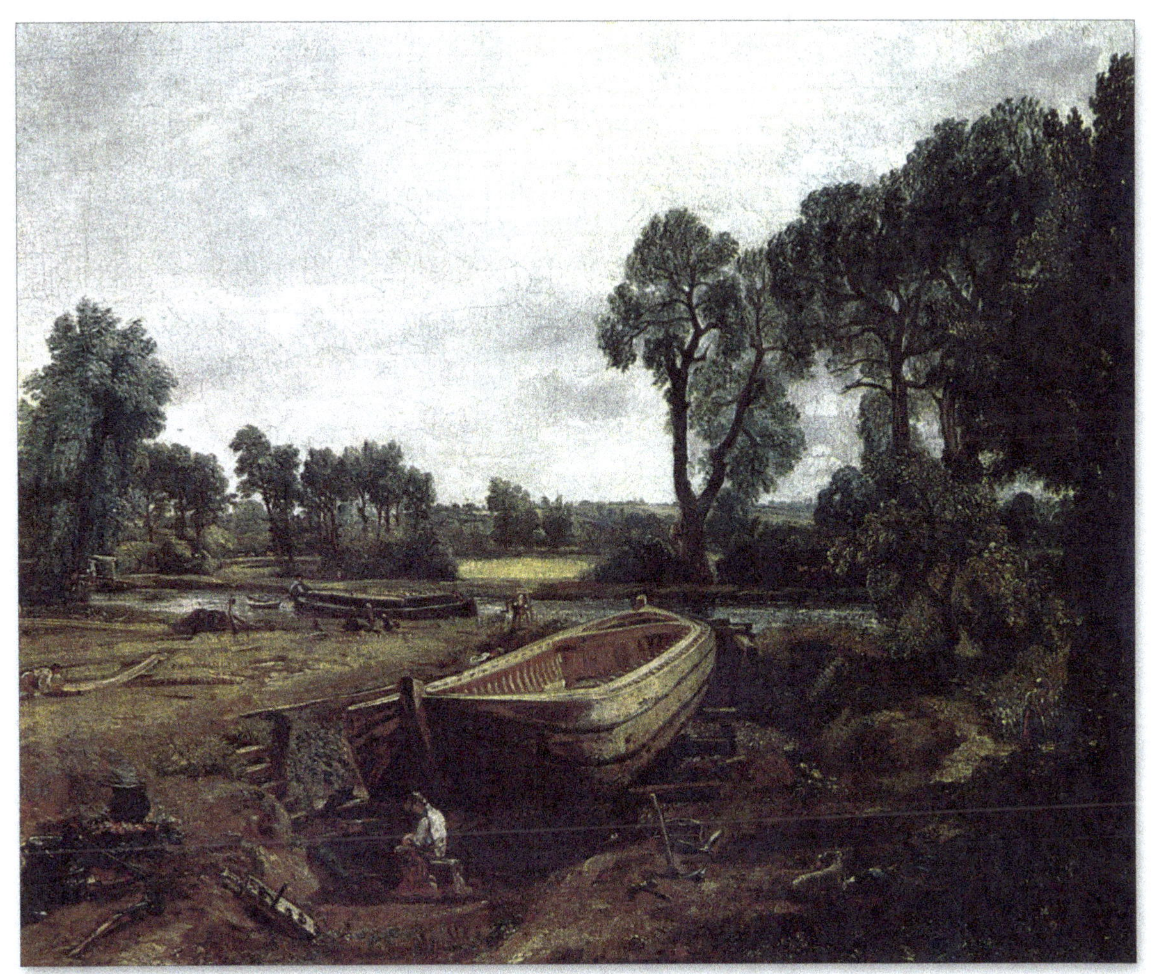

17

Wivenhoe Park, Essex

olio su tela 56,1 x 101,2 cm
Washington, DC, National Gallery of Art

Si tratta di un dipinto di cui Constable fu soddisfatto dal momento che le difficoltà che affrontò per realizzarlo si risolsero in un'opera contenente delle innovazioni. L'artista vi si dedicò nell'estate del 1816, su committenza della famiglia Rebow, ed il compito principale che gli venne assegnato fu quello di ritrarre una tenuta non grande che però comprendesse molti elementi paesaggistici legati al vissuto dei proprietari.

Per ottenere ciò Constable mise a frutto le caratteristiche del suo stile, cioè la visione mentale della scena ricostruita partendo dall'osservazione diretta, e l'apporto dell'associazionismo, ovvero della collocazione di oggetti e situazioni capaci di evocare emozioni del passato. Tale procedimento non rappresentava una novità per lui ma in questo quadro troviamo un espediente che non era stato ancora sperimentato: l'aggiunta nella tela di due prolunghe laterali.

Con questa soluzione il maestro ampliò lo spazio scenico e poté allargare la narrazione. Inoltre fece in modo che l'osservatore del dipinto avesse un colpo d'occhio più vasto rispetto alla realtà perché, per vedere tutta la tenuta dal vivo, avrebbe dovuto girare la testa, mentre con il quadro gli sarebbe bastato osservarlo senza movimento avendo esso un effetto in qualche modo parabolico.

Siamo quindi davanti ad un'ulteriore evoluzione stilistica dove il sentimento della visione e della rappresentazione trovano un nuovo legame al suo interno: Constable concentra il vedere in un mezzo pittorico capace di sintetizzarne i passaggi per restituirli nel riassunto dell'espressione. Egli sa che per cogliere tutti i particolari di un paesaggio c'è bisogno di tempo, di permanenza fisica davanti alla scena, ma sa anche che questa è la parte che spetta al pittore, mentre quella del fruitore del quadro è di godere della sintesi che l'artista ha operato e tradotto sulla tela. Coerentemente con questo raffinato procedimento Constable opta per delle pennellate molto precise, capaci di

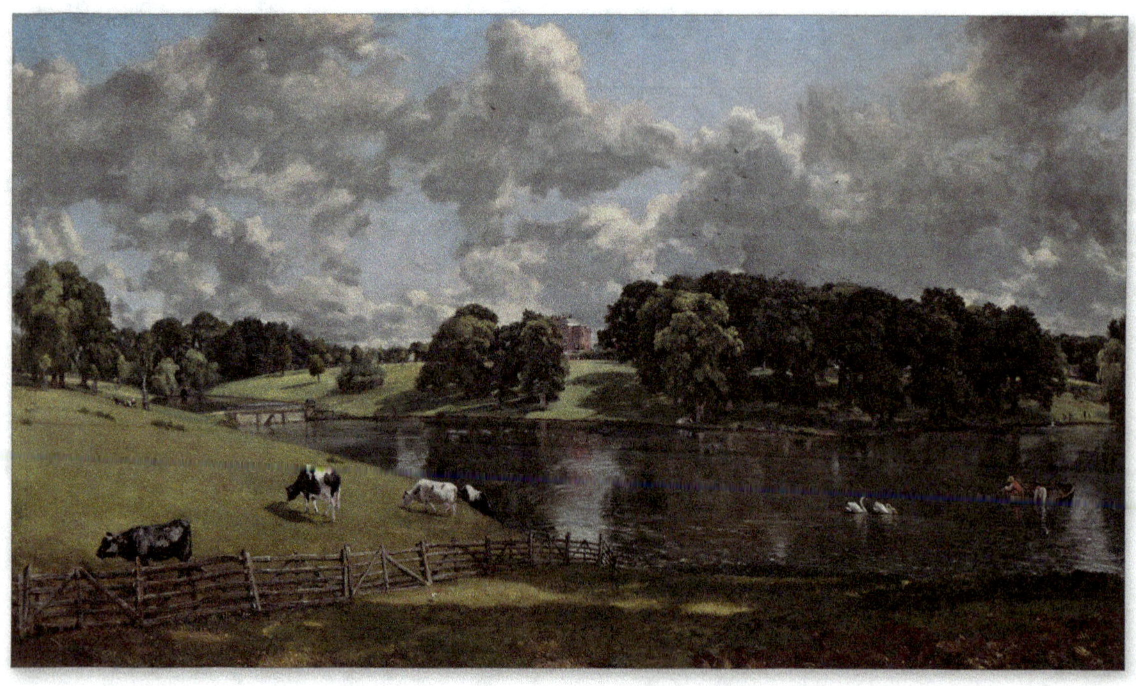

descrivere ogni particolare. Si nota quindi una forte differenza da opere come Veduta sulla canonica, East Bergholt, del 1813, dove le chiome degli alberi sono riassunte in masse di colore e non è dato spazio alla minuziosità.
Entrambi gli stili si alterneranno nelle opere future, modulandosi di volta in volta e miscelandosi spesso l'uno con l'altro.

18
Flatford Mill
olio su tela 101,6 x 127 cm
Londra, Tate Gallery

Il percorso artistico di Constable fu complesso e non sempre fluido; giunto agli anni 1816-17 il maestro concepì quest'opera che avrebbe sintetizzato buona parte delle sue conquiste.
Particolare non secondario fu il fatto che, trasferitosi a Londra, rafforzò il tentativo di farsi strada nel mondo artistico cittadino ed espose questo dipinto perché aveva le dimensioni probabilmente più grandi di tutti gli altri che fino a quel momento aveva mostrato. L'idea era quella di fare colpo sul pubblico.
La scena è ricca di particolari e pertanto è strutturata con diversi punti di osservazione che hanno una forte fuga prospettica verso l'orizzonte. In primo luogo spicca il cavallo sormontato da un bambino. Si tratta di una figura sulla quale Constable meditò parecchio e che dovette dipingere due volte in modo da collocarla più vicina allo spettatore. Dall'esame ai raggi x si evince questo ripensamento che sottolinea l'impegno profuso dal pittore per equilibrare la presenza di tutti i soggetti.
Molto importante è anche l'andamento del ruscello, che imposta spazialmente l'area sinistra; ad esso fa specchio il grande albero sulla destra. Questi due elementi inquadrano la scena e gestiscono l'energia visiva dello spettatore.
Tale espediente è un aspetto fondamentale dell'opera di Constable perché lui stesso fu cosciente del fatto che i suoi dipinti erano molto particolareggiati e che pertanto potevano disperdere l'attenzione del pubblico.
Si ha quindi il raggiungimento di un equilibrio, o di un compromesso, tra quanto si è voluto ritrarre e l'aspetto generale del tutto. Ma ciò non basta perché nel quadro c'è anche l'energia del momento, vale a dire l'azione dei personaggi intenti al lavoro, insieme al passaggio delle grandi nuvole e all'aprirsi verso la luce delle chiome verdi. Tutti questi fattori compongono una narrazione, e non una semplice raffigurazione. Constable salda insieme, nel corso degli anni, tutti gli aspetti della sua arte, cioè la capacità di ritrarre ciò che osserva, il sentimento che ne deriva, la volontà di riproporre il vero tramite il filtro dell'invenzione pittorica, la commozione davanti al fragore del presente e la sua traduzione in materia immobile.
In questo quadro c'è uno spiccato gusto per l'artefatto inteso come traccia storica dell'azione umana. Si guardi al piccolo ruscello che si apre sulla destra e che va a sparire dietro gli alberi; è sormontato dall'alzaia in primo piano che a sua volta è delimitata da un basso steccato.
Un'opera dell'uomo, a sua misura, precisa nella descrizione tanto da rappresentare un episodio a sé ma non autosufficiente. Questo perché il pittore non volle darle l'aspetto di una citazione ma quello di una parte integrante del racconto. Si vedrà ancora, negli anni a venire, una simile scelta, e ogni volta il particolare riportato avrà il valore di un oggetto sensato, costruito realmente, non descritto come se fosse un decoro.

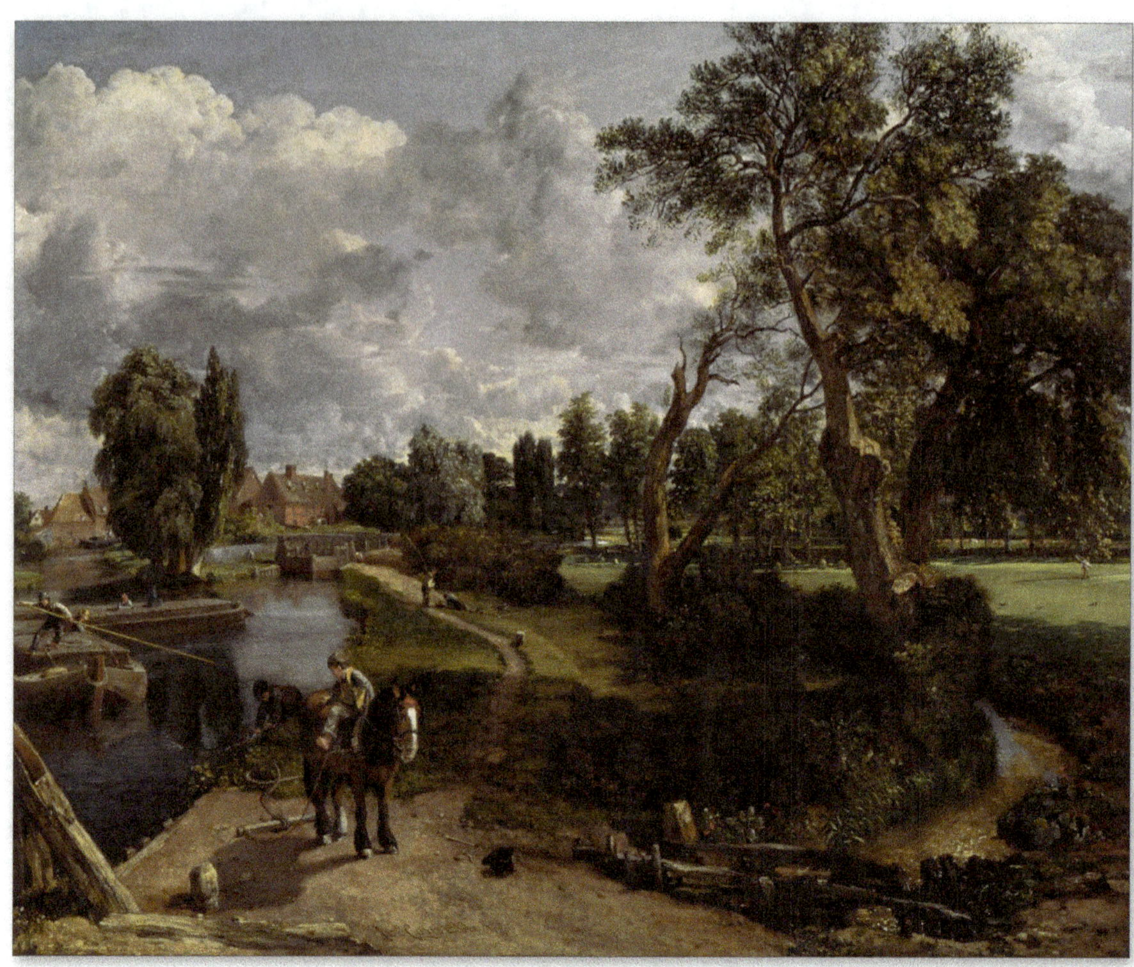

Quindi in ogni oggetto di Constable c'è un'identità pratica, di cosa voluta e costruita allo scopo, il cui aspetto descrive la propria funzione. Tutto ciò ha una logica chiara e coinvolgente perché riporta lo spettatore al luogo dove Constable è stato, e lo riporta anche a quello che lui sapeva di quella scena, quindi all'uso delle cose in essa presenti, alla vita quotidiana che con essi si svolgeva. Per dirla in termini diversi e molto concreti, quando si guarda un dipinto come Flatford Mill, si ha la sensazione di poter toccare con mano ogni particolare che vi è contenuto e di poterlo spostare, usare, far girare, come se si trattasse di un plastico. Le barche si potrebbero spingere, le funi sciogliere, i pali di legno rimuovere ed accatastare in un altro angolo del quadro. E' una tangibilità che impressiona lo spettatore e lo coinvolge a livello immaginativo.

19
Il cavallo bianco
olio su tela 131,5 x 187,8 cm
Frick Collection, New York

Questo dipinto fu preceduto da uno schizzo a grandezza naturale. Il motivo di tale procedura sta forse nel fatto che Constable, una volta trasferitosi a Londra, non poté più realizzare i quadri finiti all'aperto, ma fu obbligato a fissare i caratteri più importanti della scena dal vivo per poi elaborarli in studio.

Fa parte della serie da lui denominata six-footers, ovvero quei quadri di grandi dimensioni che videro la luce nell'intento di attirare i favori del pubblico e della critica. In questo caso l'impresa riuscì e gli valse l'annessione alla Royal Academy in qualità di membro effettivo. E' inoltre giunta a noi un'attestazione di stima da parte del Library Chronicle "Quale concentrazione di tutte le bellezze di una scena campestre! Questo giovane artista sta raggiungendo la fama assai in fretta e siamo pronti a sostenere che egli sarà presto il rappresentante più cospicuo di quella tendenza pittorica che ha in questo dipinto una così alta espressione."
Oltre al successo che ebbe nel panorama artistico londinese, il quadro vanta anche una novità tecnica che il pittore mise a punto in coerenza con la sua ricerca stilistica: l'uso della spatola. Generalmente impiegata nella fase degli studi, Constable ritenne che tale strumento fosse utile anche nel momento della pittura definitiva, visto che la sua materialità ben si sposava con il gusto per l'effetto immediato, a sua volta ricercato per rendere l'impressione vivida della percezione. Il materiale pertanto è corposo e allo stesso tempo assottigliato dal gesto, in modo da risultare vibrante e molto presente.
Come in altre opere precedenti non manca quel senso logico e pratico delle cose rappresentate; Constable non decora ma spiega ciò che ha dipinto tramite l'accuratezza del suo stile.
La composizione è perfettamente calibrata ed utilizza l'ampio specchio d'acqua per distribuire lo sguardo dello spettatore lungo la linea della terra, che a sua volta porta diversi elementi da osservare quale la piccola capanna per il ricovero delle barche, la vegetazione che si immerge nel fiume, le mucche che pascolano verso la parte destra del dipinto.
In altre parole il dipinto è molto particolareggiato ma Constable gli infonde la giusta dinamicità per non affaticare chi lo osserva e per restituirgli l'impressione avvincente della realtà.
L'opera fu terminata nel 1819 e mosse il pittore alla realizzazione di un altro six-footer, Stratford Mill, che rientra nel filone dei temi fluviali.

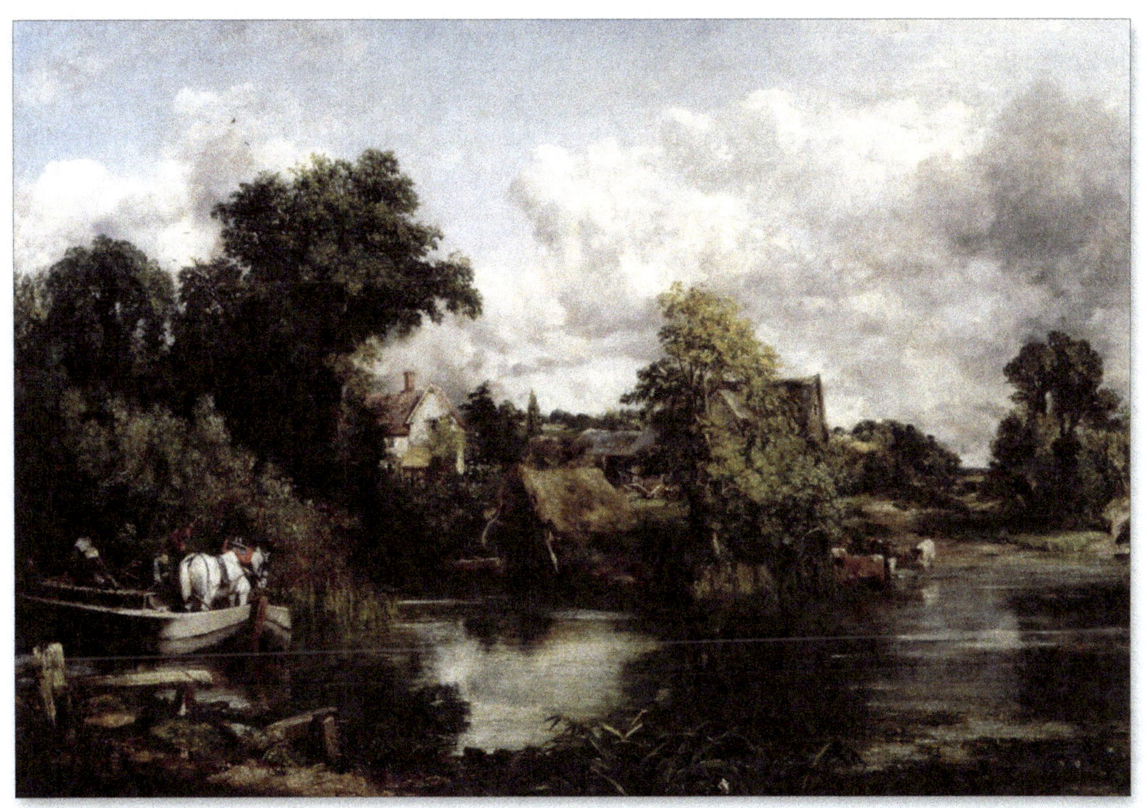

20

Stratford Mill
olio su tela 127 x 182,9 cm
Collezione privata

Quest'opera venne realizzata nel 1820 ed è la seconda veduta di canale appartenente, come si è visto, ai six-footer. E' stata dipinta in studio dopo il trasferimento dell'artista a Londra ed ha in comune con Il cavallo bianco l'ausilio di due disegni, uno raffigurante un pilastro per l'ormeggio e uno lo studio di alcune nifee.
Venne acquistata nel 1821 da John Fisher che la donò ad Alfred Peter Tinney e al quale Constable la chiese in prestito nel 1825 per un'importante mostra alla British Institution. Successivamente gli fu imprestata ancora attorno al 1830 affinché David Lucas la incidesse per English Landscape. Quest'ultimo lasciò testimonianza delle parole di Constable riferite al dipinto "Il signor Constable mi spiegò, se così si può dire, la storia naturale di questo dipinto; osservò, tra l'altro, che quando l'acqua raggiunge le radici delle piante o degli alberi ne provoca la morte, il che giustifica l'aspetto dell'albero sul margine del ruscello." "Il gruppo principale di alberi è esposto al vento che soffia sui prati, e quindi i tronchi oscillano continuamente, il che spiega la loro inclinazione rispetto alla verticale e la loro pendenza sul alto destro del dipinto."
Il commento non trova pieno riscontro nella tela se non consideriamo questa come una raffigurazione vibrante della scena. In altre parole se osserviamo l'insieme centrale degli alberi notiamo subito che questi sono inclinati verso sinistra; ma è anche vero che il gruppo più vicino allo spettatore ha le chiome orientate al centro e verso il fiume. Quello collocato vicino all'orizzonte è invece inclinato decisamente a destra. Tutto ciò significa che l'insieme della vegetazione si muove ai soffi irregolari dell'aria e che Constable aveva in mente un attimo tra i tanti in cui le foglie si spostavano disordinatamente verso la riva opposta a quella dove sorgevano i tronchi.
Se si immagina il vibrare delle fronde l'effetto è rievocato con grande fascino ed il quadro si anima acquistando una grande forza narrativa. Si aggiungono poi altri particolari naturalistici, come il tronco marcescente in primo piano e la vegetazione impregnata di acqua che sorge mollemente dal fiume. Tutti questi dettagli si dispongono sul piano immediato della visione ma realizzano di fatto una prospettiva di conoscenze strutturata per dare lunghezza alla fruizione dell'opera. Davanti ad un dipinto simile non vale il colpo d'occhio, così come non vale nella realtà, ma occorre l'attenzione perpetrata nel tempo, cioè la presenza dello spettatore e quindi un tratto della sua vita, e quindi una sua esperienza. Per godere del quadro di Constable bisogna viverci davanti per un po', immaginando di essere lì dentro, di camminare nei suoi boschi e di scoprire tra l'erba alta un utensile abbandonato, la prua divelta di una barchetta di fiume.
E questo è possibile perché Constable dissemina nelle sue opere la realtà che ha assimilato e riversato attraverso il pennello. Quindi non siamo davanti ad un quadro, ma dentro di esso, insieme ad esso. Ci siamo ritrovati in lui.
Stratford Mill si caratterizza per la pennellata sfrangiata, che ricorda quella dei fiamminghi seicenteschi, e pertanto si differenzia da Il cavallo bianco, dove l'atmosfera ha un tono più sereno. In questo caso il maestro decise per colori leggermente foschi, che rendessero l'ombra del bosco ed il suo riflesso nell'acqua.
La composizione ha il consueto taglio obliquo, che dispone fortemente i pieni e i vuoti e che

pertanto mantiene la caratteristica immediatezza già riscontrata nelle opere precedenti. A sinistra si vede una porzione del mulino, altro espediente che dona estemporaneità alla veduta, come se chi guarda lo vedesse con la coda dell'occhio perché sta girando la testa nella direzione opposta. Le figure umane spiccano delicatamente grazie ai colpi di colore dei vestiti. Sono perfettamente ambientate e non hanno prevalenza rispetto alla natura che le circonda.
L'insieme ha una sottile drammaticità e si discosta dalla pittura enfatica, di genere, nella quale il paesaggio nasce dall'intento di celebrare sensazioni miti e quasi sempre superficiali.

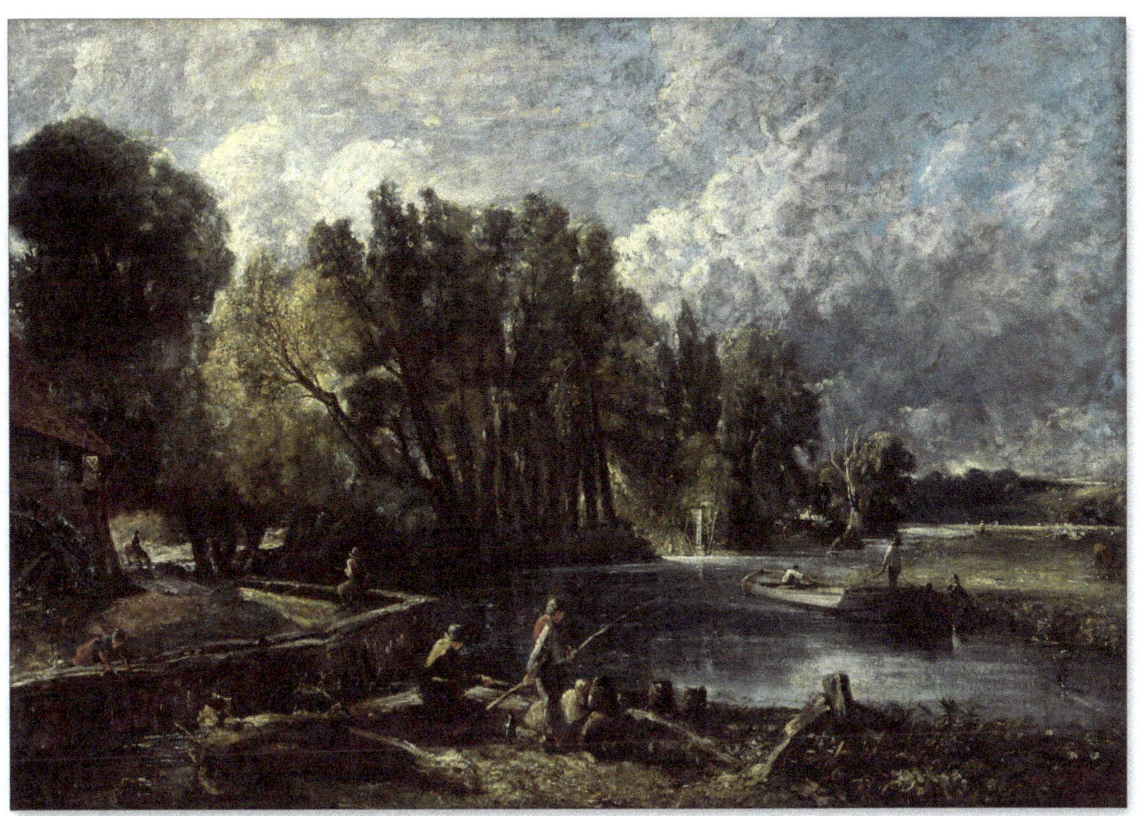

21
Studio del tronco di un olmo
olio su tela 30,6 x 24,8 cm
Victoria and Albert Museum, Londra

Questo piccolo studio è emblematico dello stile di Constable; troviamo in esso molti aspetti della sua poetica. Per primo risalta il taglio visivo che il pittore ha scelto: dell'albero si vede soltanto il tronco e molto da vicino. In questo modo l'artista ha indagato i particolari della corteccia e allo stesso tempo si è esercitato nella pennellata per renderla finemente scabra, in grado di riprodurre certe durezze della vegetazione. La materia pittorica è stata trattata al di là del pennello tramite raschiature e graffi che le hanno conferito una concretezza tattile cui Constable tenne molto fino ai suoi ultimi lavori.

L'estrema vicinanza alla pianta ne ha escluso quasi del tutto la chioma e questo espediente ha donato allo studio un'immediatezza molto convincente: si ha l'impressione di essere insieme al pittore e di aver interrotto all'improvviso il cammino in presenza dell'olmo senza aver avuto il tempo di inquadrarlo nella sua totalità. E' una veduta accidentale, non rifinita, e per questo avvincente perché collegata direttamente all'istante della percezione. Constable esprime il suo interesse per il momento intellettuale della visione e per quello della sua trasposizione in pittura.

Il trattamento delle ombre segue lo stesso pensiero: il prato sul quale sorge l'albero è oscurato dai suoi fitti rami e dalle innumerevoli foglie; nel dipinto non si vedono se non in minima parte ma la mancanza di luce ci fa intuire che la pianta è rigogliosa.

Pur trattandosi di un soggetto statico per eccellenza, il pittore è riuscito a dare un dinamismo inatteso all'immagine perché vi ha introdotto il movimento dell'istante, il suo camminare casuale nel bosco.

22
Il carro del fieno (pag. 68)
olio su tela 130,2 x 185,4 cm
National Gallery, Londra

Quadro molto famoso, del 1821, che fruttò la medaglia d'oro a Constable durante il Salon di Parigi svoltosi nel 1824.

Il suo titolo non è quello che gli diede l'artista dal momento che questi scelse Paesaggio, mezzogiorno. Va detto in effetti che Il carro del fieno ha un suono manierato rispetto al titolo asciutto scelto dall'autore e che non sembra aderire al suo stile imparziale, che non privilegia l'azione umana.

Addirittura all'esposizione parigina fu detto "Une charrette à foin traversant un gué au pied d'une ferme; paysage", in italiano Carro da fieno che attraversa un guado ai piedi di una fattoria; paesaggio. La pennellata del maestro ha trovato in quest'opera un equilibrio che si compone di una luce scintillante e riflessa diffusamente, un tratto che descrive con precisione senza essere pedante e una cromaticità leggera pur non rifiutando molte tinte fosche. Il risultato è quello di un impatto immediato che diventa avvolgente man mano ci si soffermi sui particolari della scena. Constable continua ad affinare il proprio pensiero pittorico giungendo di volta in volta ad una sintesi sempre più convincente. Le vibrazioni dell'acqua sono esaltanti, donano una vitalità al paesaggio che si specchia in alto, sulle nuvole in movimento. Il cielo ne è quasi del tutto invaso eppure proietta una

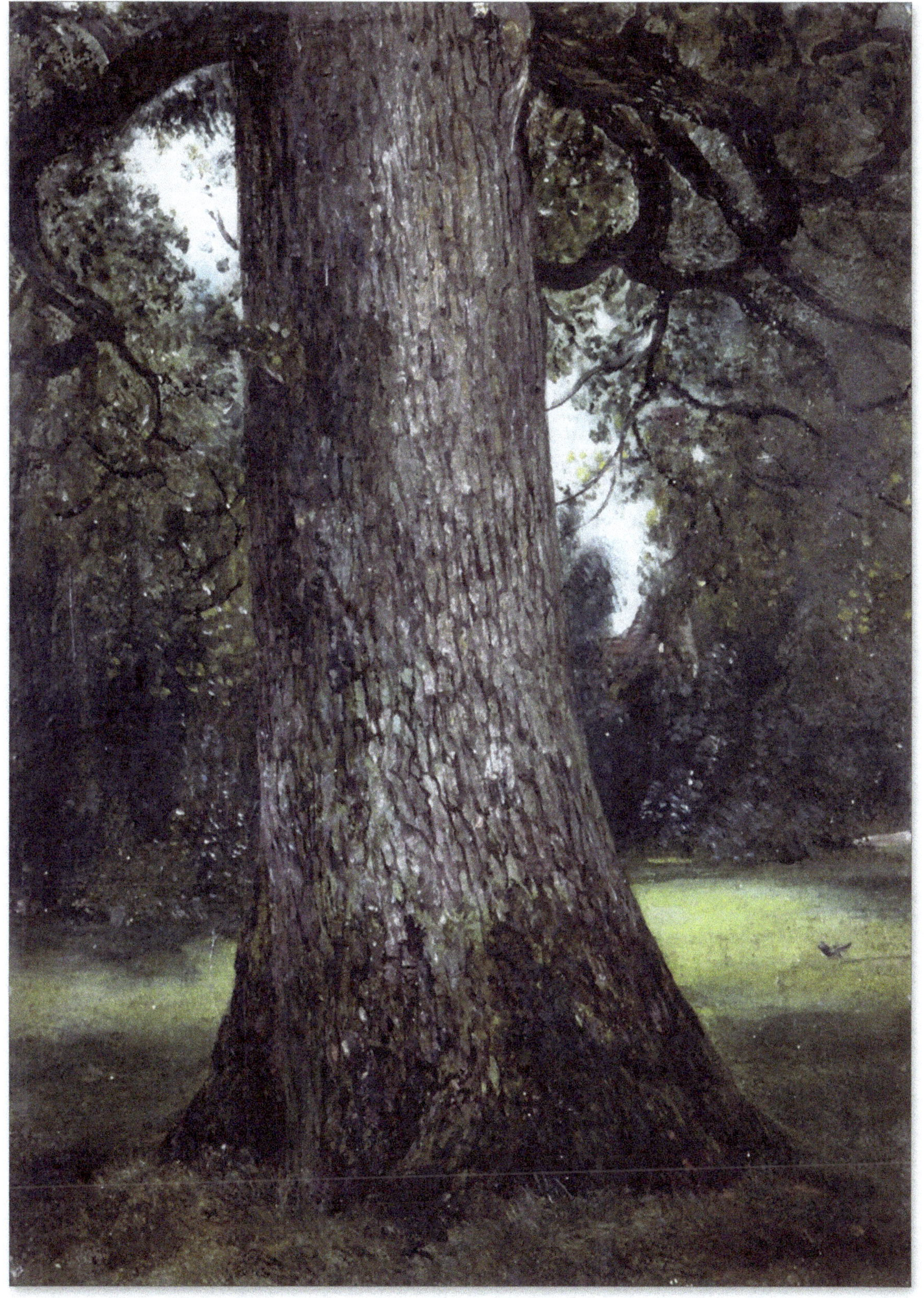

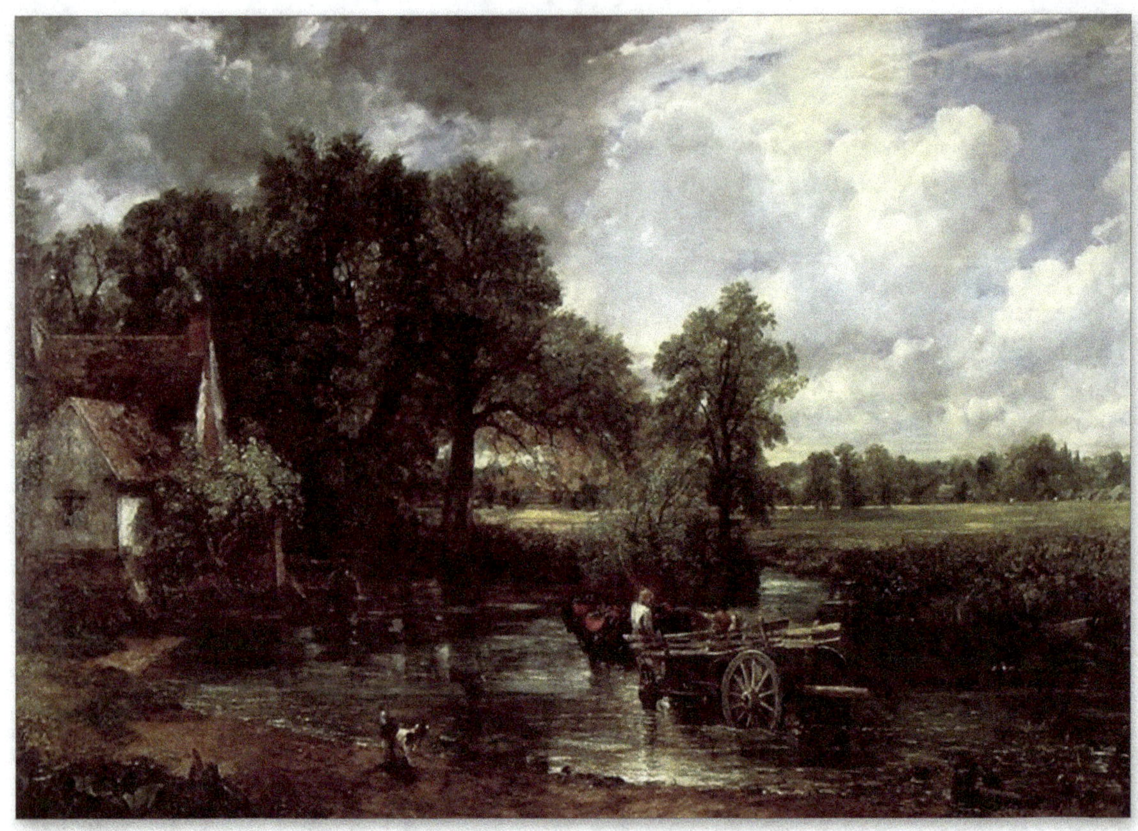

luce intensa sui campi lontani che si spegne sotto le chiome fitte del bosco per poi riaccendersi nel riverbero delle pareti bianche della casa a sinistra. C'è una varietà assoluta, palpitante, complessa, ed è sostenuta da uno schema che il pittore ha mutuato dai consueti maestri del passato, primo fra tutti Lorrain. La distribuzione dell'edificio, della vegetazione, della linea del fiume riprende il suo modello ma risulta molto più drammatico perché le figure umane sono immerse nell'esistenza del paesaggio e non ne sono testimoni. Lorrain usava collocare gli uomini per enfatizzare la presenza dello spettatore e riprodurla nel quadro; ripeteva lo sguardo del pubblico celebrandolo con personaggi classici.

Nel caso di Constable non troviamo questa cerimonia ed infatti i lavoratori che stanno sul carro si allontanano come l'acqua che scorre sotto di loro; seguono lo stesso flusso della natura circostante. Più in là si affaccia una donna per attingere dal fiume: un gesto fugace, che rappresenta l'inverso della retorica di Lorrain.

Constable realizzò uno studio su tela della stessa dimensione dell'opera finita ed approfondì molto gli aspetti luminosi e compositivi. Questo modo di procedere è da considerare una vera e propria rarità per quel periodo e testimonia la ricchezza inventiva del pittore, nonché la sua necessità di approfondire i soggetti che ritraeva. A proposito di ciò appare evidente la sua attenzione per i cieli che, come visto, fremono di una vita propria e sono molto espressivi. Questo suo interesse gli attirò non pochi commenti sfavorevoli, come si legge dalle sue stesse parole "Mi è stato spesso suggerito di considerare il mio Cielo come un foglio bianco teso fra gli Oggetti. Certamente, se il cielo è invadente (come lo sono i miei) è un male, ma se viene evitato (cosa che io non faccio) è ancora peggio: i cieli devono essere parte integrante della composizione, e nelle mie opere lo saranno sempre. E' difficile trovare una categoria di Paesaggio in cui il cielo non rappresenti la nota dominante, l'unità di Misura e il principale Organo di sentimento. Potete capire, quindi, che non mi interessa affatto un foglio bianco, dal momento che sono così impressionato da questi concetti, di certo non errati. Il cielo è la sorgente della luce in natura, e governa ogni cosa. Anche le comuni osservazioni che facciamo sul clima ogni giorno sono suggerite dal cielo, ma non ce ne rendiamo conto."

Questo quadro è una sintesi mirabile di energia espressiva e di contenimento intellettuale; Constable ha dipinto con ricchezza estrema lo spettacolo naturale riuscendo a sottenderne la complessità e le ragioni del suo sgorgare. Forze vitali che si amalgamo insieme quali la luce, i colori della vegetazione, la possanza degli alberi, il passaggio minaccioso delle nuvole, la traccia umana che punteggia delicatamente il panorama. Con grande perizia ha compreso tutti questi aspetti nella misura calcolata dello studioso imparziale.

23
Studio di nubi con uccelli (pag. 10)
olio su carta 25,5 x 30,5 cm
Paul Mellon Collection, Yale Center for British Art, New Haven, Connecticut

A causa dell'aria insalubre londinese e della salute cagionevole di sua moglie, Constable prese in affitto ogni estate, dal 1819 al 1827, una casa ad Hampstead Heath che distava tre miglia dalla città. I lunghi soggiorni gli diedero l'occasione di eseguire numerosi studi ed in particolare, degli anni 1821-1822, ci sono giunti un gran numero di quelli sulle nuvole che ammontavano a circa un centinaio. Questo olio reca sul retro il seguente appunto "28 settembre 1821 Mezzogiorno – guardando in direzione nord-ovest ventoso da sud-ovest grandi nuvole luminose che si spostano piuttosto in fretta seguito da una notte assai tempestosa".
Il ciclo degli studi di nubi arriva spesso ad uno stile astratto dal momento che Constable ritrasse il cielo, in diverse occasioni, senza aggiungere un elemento terrestre che lo ancorasse alla posizione di osservazione o a delle proporzioni facilmente rilevabili. Ciò che risalta è la forza, la velocità delle sue pennellate, e la gamma cromatica argentea che poi si ritrova nei quadri finiti. L'aria non è mai tersa o serena bensì è il luogo di forti mutazioni che si proiettano sulla terra determinandone fortemente l'aspetto e l'atmosfera.

Constable considerava fondamentale per le sue opere la presenza del cielo e lo testimonia con queste parole datate 23 ottobre 1821, che ricordano inoltre il suo periodo di lavoro estivo "Non sono stato inoperoso e ho fatto tanti studi particolari e di assieme quanti non ne ho mai eseguiti in una sola estate, ma sono quanto mai ansioso di mettere piede nel mio studio di Londra, perché non mi considero al lavoro se non sono davanti a una tela di sei piedi; ho dipinto una gran quantità di cieli e sono deciso a superare tutte le difficoltà, anche la più ardua […] Il pittore di paesaggi che nelle sue composizioni non dà grande risalto ai cieli trascura di avvalersi di uno degli aiuti più grandi […] Io sono stato spesso esortato a considerare il mio cielo come un lenzuolo bianco steso dietro gli oggetti e certamente, se il cielo è invadente (come lo sono i miei) non va bene, ma se i cieli vengono trascurati (come non lo sono i miei) è ancor peggio; per me devono e dovranno sempre avere una parte di grande importanza nella composizione. […] In natura il cielo è la fonte di luce e governa tutto. Perfino le nostre osservazioni quotidiane sul tempo sono influenzate dai cieli, anche se non ci facciamo caso, e la difficoltà nel dipingerli, sia come composizione che come esecuzione, è grandissima, poiché nonostante tutto il loro splendore e rilievo non dovrebbero risaltare troppo in un dipinto, né venir appena accennati […] Queste considerazioni non si applicano tuttavia al

fenomeno o a quelli che i pittori chiamano effetti accidentali del cielo, poiché questi richiedono sempre uno studio particolare."
Lo studio in questione non è del tutto sganciato da riferimenti dal momento che la linea dell'orizzonte è stata posizionata nella parte più bassa e che la sua presenza rende bene la vastità del cielo. Senza di essa gli uccelli non riuscirebbero da soli a rendere quantificabile lo spazio nel quale volano ed avremmo una sensazione di sospensione nell'indefinito. Tale sensazione si ha negli studi dove non appare altro che il moto delle nuvole, con le loro striature, l'accumularsi stratiforme, il passaggio lasciato alla luce.

Se ci si sofferma a considerare gli studi di nubi pensando all'intera poetica di Constable si può trovare in essi un forte collegamento con le opere finite perché essi esprimono con purezza la volontà di rendere le forze vitali del cielo e le vibrazioni della luce: se questi elementi trovano compiutezza in un'espressione il più possibile rarefatta, certamente agiscono con estrema forza quando vengono ambientati al di sopra dei paesaggi e delle vedute. Ed infatti questo accade: i suoi quadri sono realmente illuminati, cioè non comprendono il cielo ed il sole ma ne sono invasi. Questo aspetto è fondamentale perché contribuisce alla tangibilità delle tele definitive, a quella verità scollegata dal materiale utilizzato per rappresentare e che rimanda alle sensazioni mediate dal talento e dall'intelligenza.
Il fatto che Constable si esercitasse così tanto nella resa degli elementi aerei ha una valenza artistica molto forte, anche dal punto di vista del gesto: è un'attività mentale in primo luogo, la propedeutica alla pittura completa in ogni sua parte, la premessa al suo stile profondamente mentale, sebbene ammantato di affascinante realismo narrativo.

24
Veduta dello Stour nei pressi di Dedham
olio su tela 129,4 x 185,3 cm
Royal Holloway College
Univerty of London

Un'altra opera da comprendere nei six-footer, questa del 1822.
La scena ha una chiara architettura: l'asta che usa il barcaiolo per manovrare crea una diagonale dominante e del tutto centrale. L'uomo segue la stessa inclinazione e nell'altra barca c'è una figura che si inclina in senso contrario rafforzando il centro del dipinto.
I ripensamenti di Constable furono molti durante l'esecuzione, probabilmente sia per il fatto che fosse sempre scontento e dubbioso del suo operato, sia perché investì molto nel calcolo dell'equilibrio generale. Si vedono ad occhio nudo le cancellature di una figura e di una vela sulla barca ed inoltre non ritrasse il cavallo nero precedentemente pensato mentre trainava la chiatta più lontana, oltre ad altre figure che decise di evitare. In merito alle sue scelte ebbe a riportarle in una lettera diretta a Fisher "La composizione è quasi completamente cambiata dacché tu l'hai vista. Ho tolto la vela e aggiunto un'altra chiatta nel mezzo, con una figura di rilievo, ho alterato il gruppo degli alberi e completato il ponte. Il dipinto ha così un ricco nucleo centrale, per cui il lato destro diviene solo accessorio. Ho cercato di dipingere con maggiore finezza."
Non mancano quindi, come sua abitudine, le masse arboree da un lato, che in questo caso sono a sinistra ma che in uno schizzo precedente aveva posizionato all'opposto, e che contrastano con la grande apertura del paesaggio a destra. Nel cielo si muovono le nuvole irrequiete ma anche questa

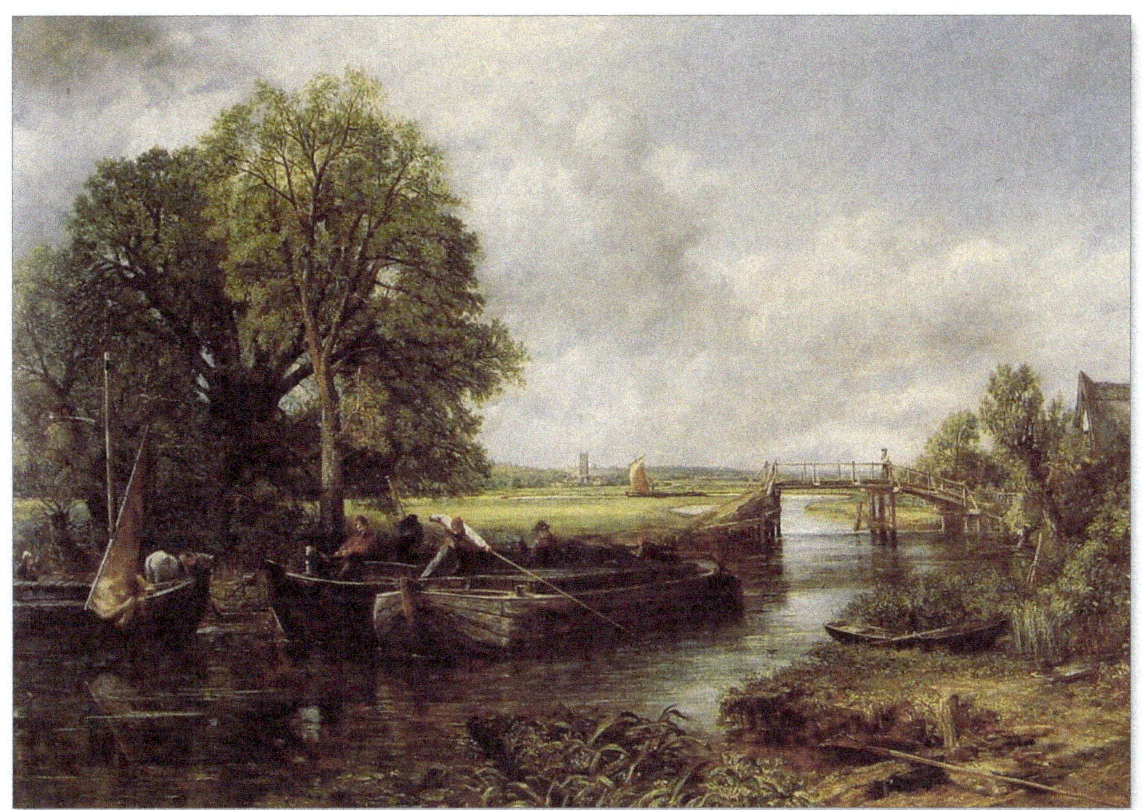

volta lasciano libera la luce di invadere i campi e l'orizzonte.

Constable conosceva bene questa località e i numerosi studi a noi pervenuti lo testimoniano; tuttavia egli non la ritrasse sempre fedelmente e con il passare degli anni la rielaborò inserendo elementi che traeva dagli schizzi fatti in altre zone. Fu pertanto una sorta di modulo sul quale apportare variazioni di volta in volta al fine di perfezionare la narrazione.

Il corpo centrale è formato dalle prue delle barche; queste galleggiano sul filo dell'acqua che è una linea prospettica portante alla quale si accompagna quella parallela dell'orizzonte. La riva in primo piano ha invece un'inclinazione più accentuata che dà la sensazione di ritrarsi per lasciare spazio alla scena principale. Si tratta dell'economia dell'immagine che Constable attua in modo che le cose ritratte abbiano una gerarchia. Questo tipo di scelta è dovuto al fatto che il paesaggio non ha attori e che quindi non ci sono eventi particolari; pertanto la rappresentazione deve essere suddivisa in scale di priorità che si stabiliscono con altri parametri, cioè quelli della collocazione.

Eppure nel quadro ci sono degli uomini, quindi la figura umana è presente; ma come si è già visto l'uomo non ha carattere predominante nella maggior parte dell'opera di Constable: egli vive come la natura che lo circonda. Tuttavia il pittore scelse, in questo caso e poi ancora di più in altri successivi, di caratterizzare la sua presenza tramite l'attività del lavoro. Per cui i suoi mestieri vengono descritti con precisione e diventano un breve tratto di storia nella scena generale.

Ritroviamo anche in questo dipinto la pennellata ruvida degli altri six-footers e quel gusto per i riflessi diffusi che rendono il paesaggio vitale, umido di vapori.

Come sempre Constable curò la resa del fogliame mosso leggermente dal vento, in modo che la rappresentazione evocasse la presenza fisica sul luogo; una fascinazione che lui stesso non poté più provare direttamente dopo il suo trasferimento a Londra.

25

La cattedrale di Salisbury vista dai terreni del vescovo

olio su tela 87,6 x 111,8 cm
Victoria and Albert Museum, Londra

Si è visto sin dalle prime opere che Constable avesse un modo personale di porgere la veduta dei suoi scorci; che fosse una barriera naturale o una posizione dell'osservazione poco canonica, la scena ne veniva determinata in maniera espressiva ed acquistava immediatezza. Anche nel caso di questo dipinto ci troviamo di fronte ad un taglio visivo peculiare ed inoltre vediamo una sintesi tra la struttura arborea e quella artificiale, architettonica. La cattedrale si trova all'interno di un arco gotico creato da due alberi che si avvicinano inclinandosi l'uno verso l'altro; dentro di esso spicca l'alto campanile, illuminato intensamente ed in contrasto con le fronde scure .
Tale differenza cromatica accresce l'effetto che il dipinto ha sullo spettatore e rientra nello stile di Constable che privilegiava l'impatto a carattere accidentale, sorprendente. In questo modo il suo quadro poteva risultare vivo, sempre attuale, ed evitava quella sensazione di copia immobile di cui la pittura accademica soffriva.
A concorrere a tale scopo sta anche il cielo invaso da nubi turbolente che contrastano con le linee rette dell'edificio e con il manto luminoso che riflette.
Le nubi mescolano i grigi e i colpi di luce ma si fermano al limite dove toccherebbero la parte più alta dell'arco verde, in modo da non confondere le diverse colorazioni.
Nella parte più prossima al primo piano le tinte si scuriscono, l'ombra si fa intensa: sia le figure umane che quelle animali non vengono investite dalla luce e così è anche per lo specchio d'acqua. Questo espediente conferisce alla scena un aspetto teatrale, di buio in sala, mentre sul palcoscenico si riversa la luminosità che mette in evidenza la rappresentazione. Inoltre ottiene una considerevole profondità, come in un susseguirsi di fondali.
L'intento di Constable è quello di coinvolgere il suo pubblico, di toccare emozioni che vanno oltre quelle solitamente dedicate alla visione della pittura. Per ottenere questo dispone tutti gli elementi che può comprendere nella scena e li avvicina secondo un gioco di accostamenti sottile: il rigore della cattedrale, come detto, contrasta con le foglie che la incorniciano, ma lo fa anche con le masse morbide degli armenti.
La pennellata, benché materica, è molto descrittiva e precisa; come spesso faceva, Constable dipinse la struttura ramificata degli alberi ed il manto di foglie in modo che fossero evidenti entrambi.
Il quadro fu realizzato nel 1823 su commissione di John Fisher, vescovo di Salisbury, e ritrae una veduta colta dai suoi terreni. Fisher appare con la moglie sulla parte sinistra. Venne esposto alla Royal Academy nel 1823 e nel 1824 fu riconsegnato all'artista perché ne modificasse i chiaroscuri molto accentuati dal momento che il committente non li gradiva. Il maestro preferì dipingerne una nuova versione ma il vescovo morì prima che la terminasse. Andò perciò alla figlia, Dolly Fisher, mentre il dipinto originale fu venduto al nipote, John Fisher, amico di Constable il quale glielo rivendette nel 1829.
Ai tempi dell'esposizione del 1823 Constable ebbe a dire a proposito della sua tela "La mia cattedrale fa proprio un bell'effetto. Ho portato a termine il mio lavoro straordinariamente bene se si considerano tutti i timori che avevo. Ha ottenuto grande approvazione all'Accademia e ancor più in Seymour Street sebbene al tempo stesso temessi che non sarebbe stato apprezzato a causa della nuvola scura – ma ho superato tale difficoltà […] Era il soggetto più difficile che mai abbia avuto sul mio cavalletto. Non ho mai abbandonato il lavoro (nonostante i problemi incontrati) delle finestre, dei pilastri & c, ma come al solito mi sono rifugiato nell'evanescenza del chiaroscuro"

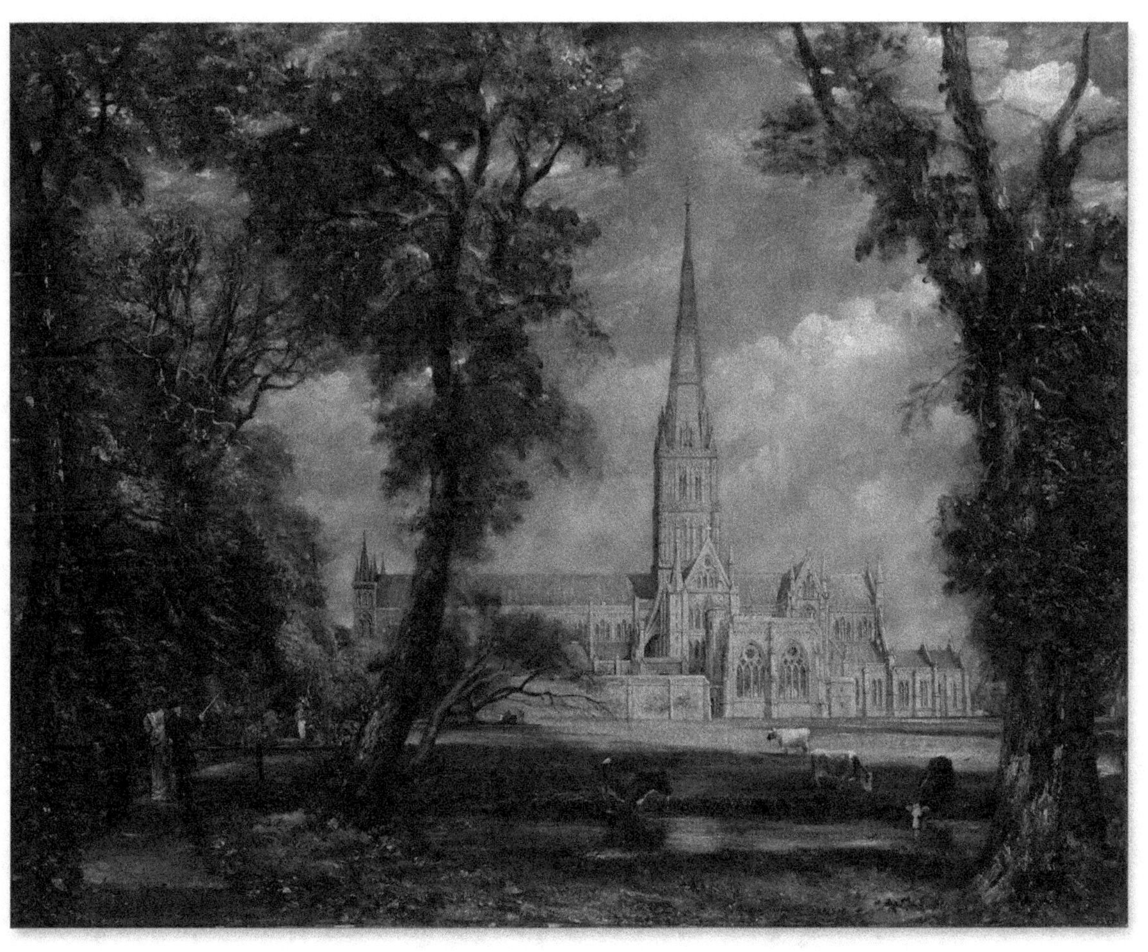

26
Tempesta sul mare
olio su carta 22,2 x 31 cm
Royal Academy of Arts, Londra

Nel tentativo di alleviare il malessere della moglie e del figlio maggiore John, i Constable si risolsero per un soggiorno vicino al mare, a Brighton, dove molta gente si recava per motivi salutari. In questa occasione, siamo nel 1824, nel periodo estivo ed autunnale, il pittore eseguì uno studio ad olio che raffigurava un temporale.
L'opera esprime con vigore le capacità pittoriche del maestro e le lascia libere di concretizzarsi in uno stile estemporaneo e molto corposo.
Ciò che attrae di più è la forza gestuale con la quale Constable ha trattato la materia in modo che i graffi che percorrono la carta si sostituiscano alle pennellate senza perdere minimamente capacità descrittiva.
La linea del mare è incisa e spessa, è una traccia pesante dove piccoli riccioli di colore si increspano per materializzare la schiuma delle onde. Su di essa si abbattono le pennellate violente della pioggia che ripetono senza abbellimenti il gesto della mano destra. Si tratta di un segno autentico, del corpo di Constable coinvolto nel dipingere e testimoniato senza alcuna mediazione.
Sulla linea dell'orizzonte si vedono le vele di imbarcazioni rese minuscole dalla lontananza ma soprattutto dalla potenza del cielo; Constable le comprese nel dipinto per non perdere le proporzioni

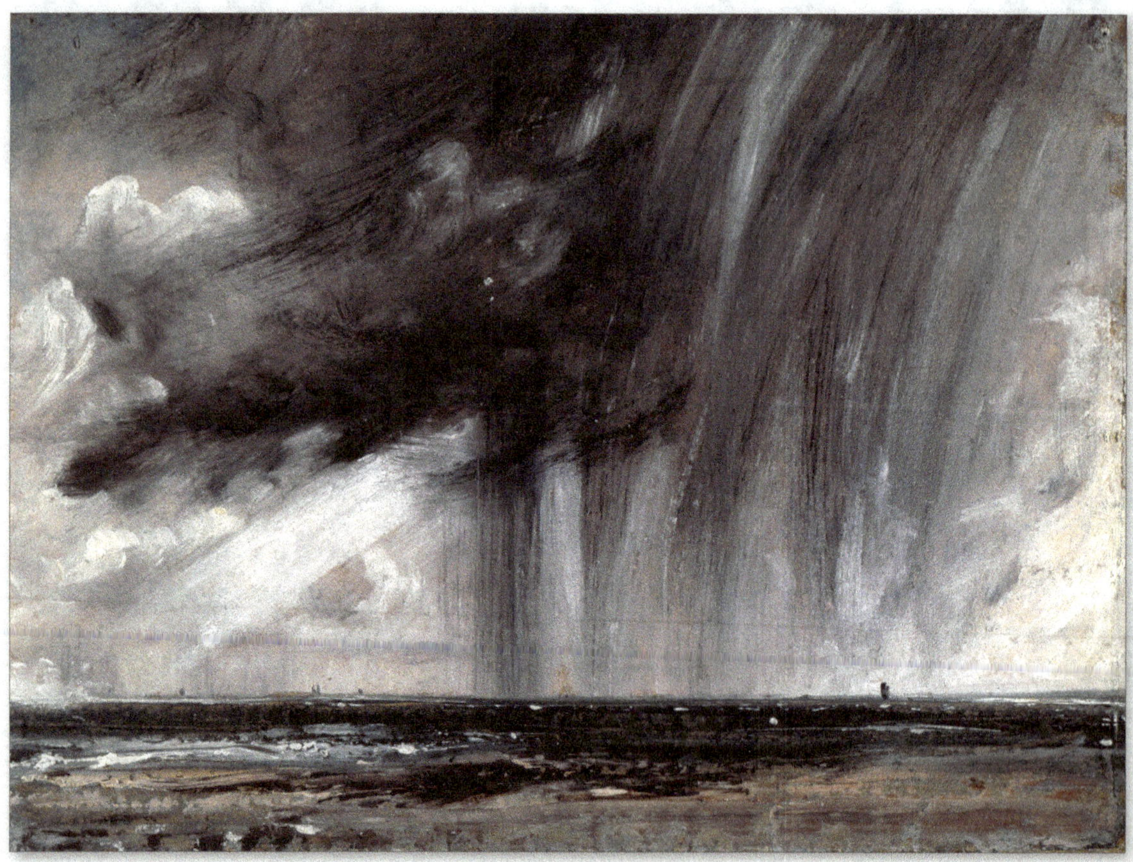

della scena ed in una sintesi perfetta queste divennero l'accentuazione del soggetto principale, cioè della maestosità del temporale.

Lo studio è da considerare alla luce della poetica di Constable, del suo interesse per l'impressione fisica che voleva trasmettere nei quadri, del ruolo fondamentale che avevano gli elementi naturali nella volontà di esprimere l'impatto della realtà sull'animo del pittore intento a carpirne la forza.

Il percorso di Constable è quello di chiarificare al massimo la sua percezione, di tradurla pittoricamente nel modo più limpido possibile e di passare all'espressione secondo una coerenza ferrea che lo porta ad esprimere tutto con la stessa immediatezza con la quale ha percepito, e quindi con la sintesi del gesto, breve e conciso.

27
La chiusa
olio su tela 142,2 x 120,7 cm
Museo Thyssen-Bornemisza, Madrid

E' la quinta veduta a tema fluviale che rientra nella produzione dei six-footer pur essendo di dimensioni inferiori e sviluppata in verticale. Questa volta Constable mette in totale evidenza la

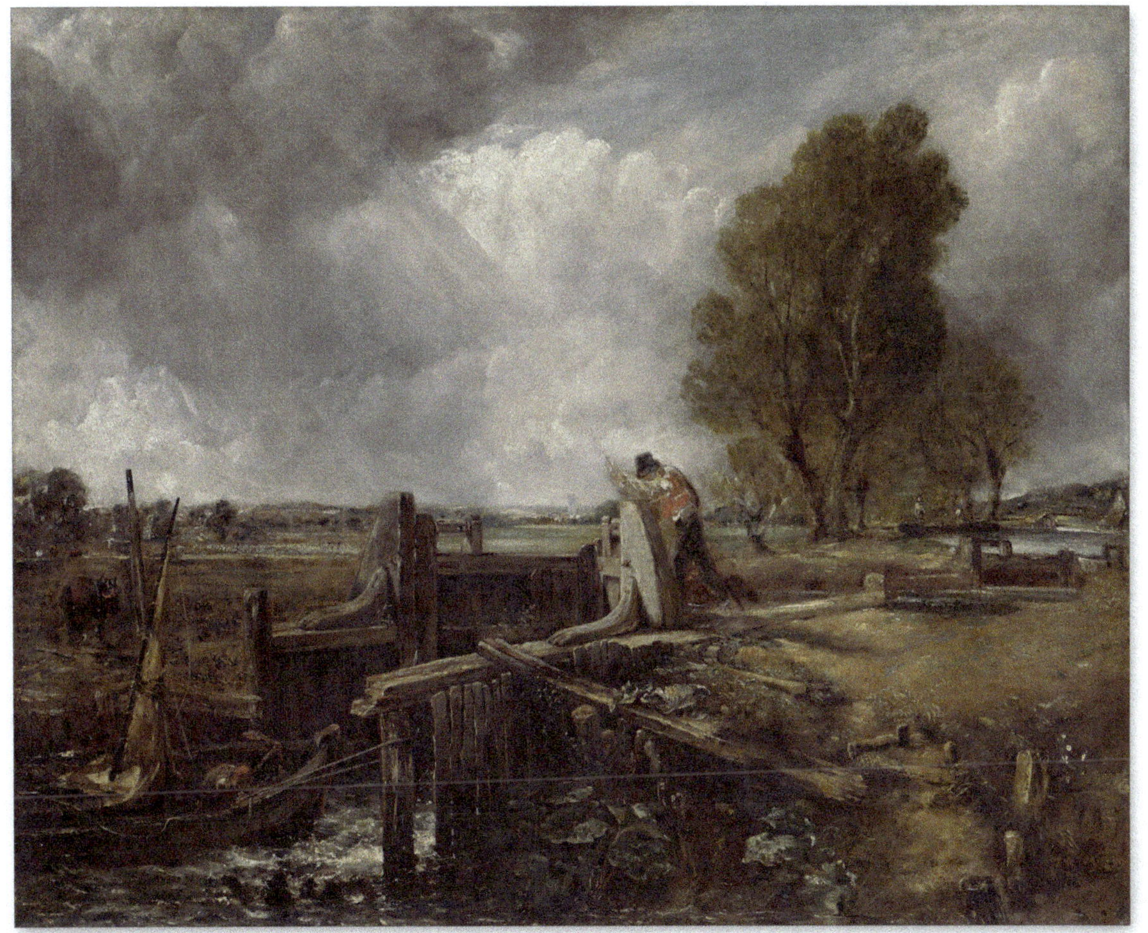

figura umana e la sua azione. Il quadro rappresenta un uomo che apre la chiusa di Flatford mentre una chiatta è in attesa. In lontananza si vede la chiesa di Dedham, come nella Veduta dello Stour nei pressi di Dedham.

Constable trasse la figura del guardiano da un dipinto esposto nella Life Room della Royal Academy nel 1808 e forse operò questa scelta per attirare l'interesse degli accademici. In un suo disegno del 1823 si vede la stessa scena che però mette in evidenza gli elementi lignei della chiusa incorniciando all'interno di essi l'uomo al lavoro. Nel dipinto finale la chiusa si è molto ridotta nella parte alta e lascia libero il guardiano di ergersi plasticamente sulla linea dell'orizzonte. Il gruppo arboreo alle sue spalle segue l'inclinazione della schiena e ne sottolinea la posa.

La pennellata è materica e non precisa, la vegetazione è trattata più come massa pittorica che come soggetto da ritrarre. Gli alberi in questo quadro si aprono al centro mostrando i rami nudi sotto una luce intensa, teatrale, e perdono di verità a vantaggio di un effetto enfatizzato.

A proposito di questo riporto il commento della monografia su Constable di Clarkson, alla quale mi sono riferito più volte "Ci vengono mostrate contemporaneamente due immagini incompatibili: la struttura interna e l'aspetto esterno del boschetto, sacrificando in parte il naturalismo a vantaggio di una più profonda conoscenza degli oggetti rappresentati. La conoscenza però non basta a spiegare il modo in cui si è evoluta la rappresentazione degli alberi da parte di Constable, né giustifica il dinamismo delle loro forme né la luce drammatica che li investe. Per comprendere tali aspetti dobbiamo considerare il continuo dialogo del pittore con l'arte del passato. Questi alberi non derivano da Lorrain, che in generale raffigura tronchi alti ed esili coronati da chiome vaporose, né da Rubens, che predilige esemplari più svettanti di quelli di Lorrain, come in Paesaggio al chiaro di luna, ma anche più armoniosi di quelli di Constable. Molti pittori fiamminghi che Constable ammirava, come Ruysdael, rappresentavano alberi contorti e spezzati, tuttavia il pittore di riferimento per La chiusa sembra essere Tiziano. Constable vide probabilmente La morte di Atteone quando fu esposta alla British Institution nel 1819. La chiusa evoca in qualche modo l'oscuro e selvaggio bosco della tela di Tiziano. Ancora più diretto appare l'influsso di un'altra opera del Vecellio, il Martirio di San Pietro, che però Constable avrebbe potuto conoscere solo attraverso un'incisione.

Come il pittore inglese, Tiziano sceglie un punto di vista basso per sollevare le figure sull'orizzonte, e gli alberi si dipartono da sopra queste figure per indirizzare verso il paradiso le linee lungo cui si svolge l'aggressione a Pietro. Gli alberi de La chiusa svolgono esattamente la stessa funzione, fornendo un corrispettivo alla fatica del guardiano: grazie al ramo spezzato sopra la testa dell'uomo, l'osservatore comprende quanta forza occorre per aprire le paratoie." Jonathan Clarkson, Constable ed. Phaidon 2010 p. 116-119

Il quadro ha una potenza espressiva impressionante: il cielo, la figura del guardiano, le assi di legno e la chiatta in arrivo hanno proporzioni classiche e si impongono in modo monumentale. La scelta di Constable gli ha permesso di variare il suo stile e di portarlo verso una visione vagamente mitizzante. Forse la sua lontananza dallo studio en plein air contribuì a questa virata ed è certo che la sensazione che si ha guardando il dipinto è quella di una scena ponderata e misurata con un nuovo calibro, meno vicino all'impatto realista e più meditato per ottenere la grande dimensione narrativa di un romanzo.

L'opera, realizzata nel 1824, incontrò immediatamente il favore del pubblico e fu acquistata il primo giorno di esposizione per 150 ghinee.

28
Il cavallo che salta
olio su tela 142 x 187,3 cm
Royal Academy of Arts, Londra

"Il grande soggetto che è ora sul mio cavalletto è molto promettente e, se ne avrò il tempo, supererò con esso gli altri miei grandi dipinti. Rappresenta un canale pieno del trambusto che si addice a tale scena; ci sono quattro o cinque barche che stanno passando con cani, cavalli, ragazzi, uomini, donne e bambini e, meglio ancora, pali di vecchio legno, piante acquatiche, tronchi di salice, carici, vecchie reti ecc. ecc"

La lettera che Constable scrisse per Fisher descrive bene il dipinto nella sua essenza: con quest'opera il pittore giunge ad un alto grado di narrazione perché fonde fortemente la rappresentazione con la storia. Sono molti i particolari descrittivi che saldano questo legame, a partire naturalmente dalla figura del cavallo impennato. L'animale, che sta per saltare, assume una posa classica, eroica, da monumento equestre, ma non lo fa per descrivere un condottiero, bensì per superare l'ostacolo di legno che gli si para davanti e questo impedimento non è altro che uno steccato adibito al contenimento delle mandrie. Tale funzione, meramente pratica, è un collegamento con la realtà lavorativa nella quale è calata la scena, è il gradino più basso della scala rappresentativa che Constable allestisce e che culmina nell'utilizzo di un'iconografia storicamente utilizzata a scopo

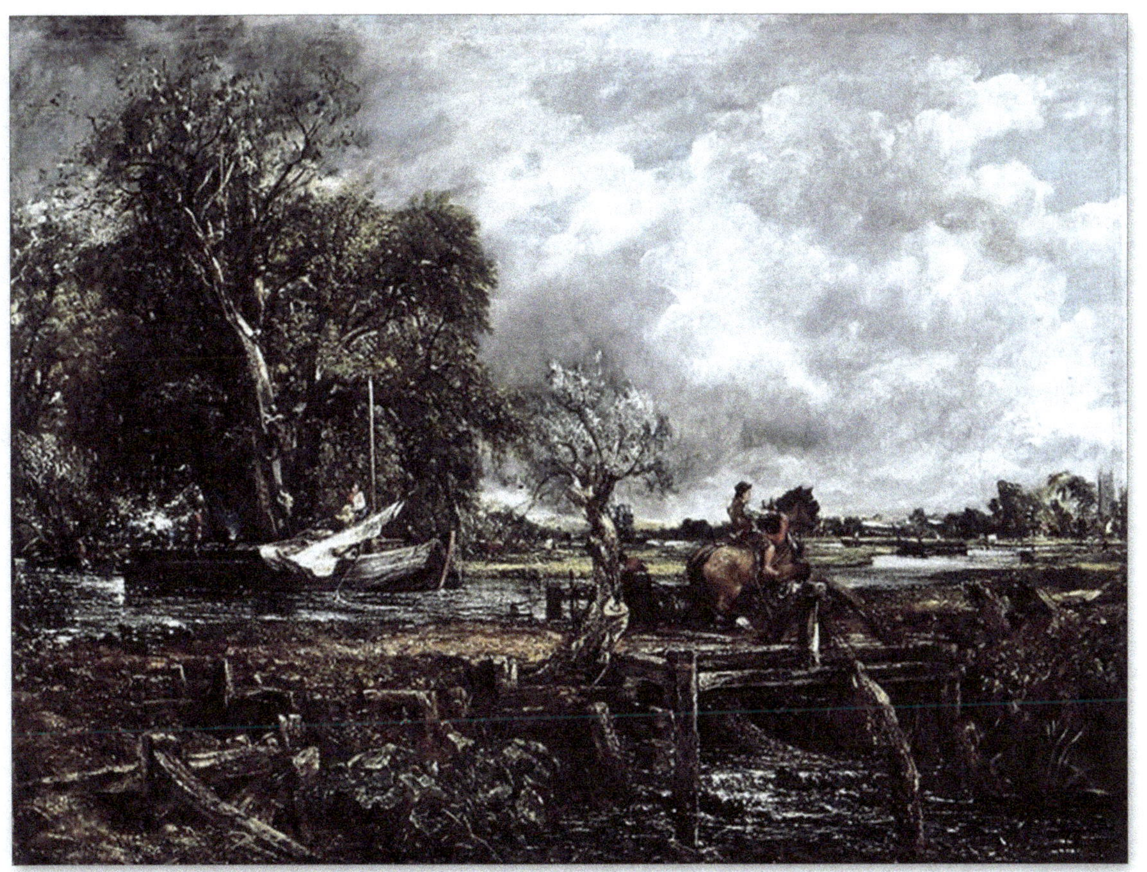

celebrativo ma che lui reinterpreta e trasforma. Il suo cavallo è pur sempre eroico ma non per il ruolo in battaglia, bensì per la sua presenza nel lavoro. A definire meglio questo importante aspetto, e ad accentuarlo, c'è la fune che lo lega alla chiatta in attesa sulla sponda opposta; l'animale sta superando il ponte per essere nuovamente attaccato ad essa e permetterne lo spostamento. In sintesi, è un cavallo da traino.

La cura con la quale vengono disposti gli elementi di questa scena ne determinano la perfezione della narrazione: il ponte, costruito con realismo, come se Constable lo avesse fatto con le proprie mani o fosse stato testimone molte volte della sua fabbricazione, la linea luminescente dell'acqua che segna il divario fisico tra l'animale e l'imbarcazione che da esso dipende, la fune che l'attraversa e che da lì a poco tornerà in tensione, l'impeto del cavallo che con la propria forza la tenderà. Constable ha calcolato l'intensità del racconto fornendogli le parti essenziali affinché questo non si affievolisse in nessun punto del quadro. Come sempre, il dipinto equivale ad un plastico, ad un modello tridimensionale verificabile in ogni sua parte e nel quale l'intelligenza creativa ha fatto da collante logico, da supervisore dell'attuabilità effettiva. Non ci sono pretesti pittorici, licenze poetiche, affacci su una lirica permissiva che sorvola sui rimandi alla realtà: Constable è pienamente vero, è molto serio quando costruisce la storia del dipinto e la assembla in ogni suo pezzo. Solo quando è sicuro di aver conferito tutto quanto serviva alla rappresentazione si concede l'interpretazione stilistica, varia le pennellate, calcola i colori. E può farlo con sicurezza perché l'idea portante è solida, in accordo con lo sviluppo del dipinto.

L'accademia dell'epoca, come visto, non tollerava inesattezze nella pennellata ma Constable non indietreggiò davanti a questo atteggiamento, seppure non fosse un artista di rottura; decise di sciogliere la materia pittorica in una pastosità espressiva, che descrivesse la natura ma allo stesso tempo ne avesse una propria, insita nei tocchi di colore, nelle lucentezze, nei riflessi. Parcellizzò le sue impressioni e le accostò una all'altra con infinita pazienza in modo che vibrassero all'unisono e restituissero l'insieme della visione.

Durante l'esecuzione ebbe diversi ripensamenti e condusse due tele contemporaneamente e con lo stesso soggetto; quella in esame è la più grande e più definita dal punto di vista squisitamente pittorico, probabilmente perché fu scelta per essere esposta. E' noto che il maestro si mosse da uno studio a matita del 1821 che raffigurava un salice contorto e che viene citato in entrambi i dipinti, anche se in posizioni diverse.

Il quadro esposto doveva comprendere due chiatte delle quali una fu cancellata e quella rimanente spostata di profilo. Non compaiono dei buoi vicino all'imbarcazione che originariamente erano stati previsti ed il salice sopra citato si trovava in un primo tempo alla destra del cavallo e non dietro di esso. Inoltre i raggi X hanno rivelato che il dipinto venne realizzato inizialmente a colpi vigorosi di spatola e che quindi assomigliava maggiormente all'altro.

Constable allargò in un secondo tempo entrambe le tele ed aggiunse a quella in oggetto sei centimetri nella parte alta.

Rimangono alcune parole dell'artista a testimonianza dei suoi ripensamenti "Alzatomi di buon'ora, mi sono messo a lavorare al mio grande dipinto; ho tolto il vecchio tronco di salice vicino al mio cavallo, il che ha migliorato molto il quadro."

L'opera è del 1825.

29
Il campo di granturco (tavola a pag. 18)
olio su tela 143 x 122 cm
National Gallery, Londra

Si tratta di un quadro che non è da includere nei six-footers, seppure le sue dimensioni siano ragguardevoli, inoltre Constable non rappresentò una scena fluviale ma scelse un sentiero, cioè quello che portava da East Bergholt allo Stour. Infine, non è ritratto un vero e proprio istante di lavoro, sebbene in lontananza si vedano dei contadini dei quali però non si intuiscono i gesti; in sintesi Constable decise, con questo dipinto, di cambiare molte cose e di realizzare una narrazione diluita nella calma, senza la tensione dell'opera umana .C'è un incanto da favola: le creature si affacciano nella tela armoniosamente e creano la ricchezza descrittiva che l'amico botanico Henry Phillips gli consigliò in una lettera "Penso che nel tuo viottolo verde sia luglio. In quella stagione tutte le graminacee alte sono in fiore: giunchi neri, tife, cardi. Il convolvolo bianco protende i suoi fiori sulla siepe; la carota e la cicuta selvatica fioriscono in cumuli di siepi, cerfoglio selvatico, mestola, ecc; le colline d'erica sono viola in questa stagione; la persicaria rosa nei fossi umidi è incantevole; la silene adorna la siepe d'arbusti, così come il fior di cuculo; il rovo è in fiore, e anche il papavero, la malva, il cardo, il luppolo..."
Constable scrisse a sua volta all'amico Fisher per descrivere l'impegno con il quale aveva realizzato il quadro " non è stato trascurato in nessun particolare. Gli alberi sono stati più studiati del solito, con le chiome ben definite – come pure le loro specie – mosse da una piacevole salubre brezza – a mezzogiorno – mentre ora una più fresca brezza sfiora i campi di grano con un vago soffio"
Il tema degli elementi dinamici naturali: la brezza, il movimento delle foglie, rimangono una costante per Constable ed inondano letteralmente il dipinto dominandone la poetica. Tolta la componente narrativa del lavoro si cala nell'atmosfera naturale fatta di presenze casuali, di atti brevi, semplici, come il bere del ragazzo che immerge la bocca nel ruscello o il passaggio del piccolo gregge. Nessun legame evidente lega i soggetti tra loro fatta eccezione per il cane in primo piano la cui attenzione è richiamata dagli uccelli sugli alberi.
Sullo sfondo si vede un campanile lontano che nella realtà non è presente, segno che Constable costruì l'immagine assemblandone parti non del tutto ricavate dallo studio dal vero; del resto si è visto che il maestro, una volta trasferitosi dalla campagna, progettò le sue creazioni aiutandosi con vari disegni già pronti ed accostandoli tra loro.
La pennellata ricorda in generale La chiusa, per i tocchi materici ma precisi e per quella vividezza nei colori e nei riflessi che donano all'intero quadro una vitalità peculiare. Come in quel dipinto anche in questo si vede il primo albero sulla sinistra ritratto sia nel fogliame che nella struttura dei rami. E' la stessa apertura che ne La chiusa Constable dipinse sull'albero a destra e che mutuò dalla scuola fiamminga.
Dipinto nel 1826, dopo un chiaro successo di critica e pubblico, Il campo di granturco non incontrò lo stesso favore e, seppure esposto per cinque volte, non trovò un acquirente. Fu donato, dopo la morte dell'artista, alla National Gallery.

30

Chain Pier, Brighton
olio su tela 127 x 183 cm
Tate Gallery, Londra

Nel 1827 Constable realizzò un altro six-footer che rappresentava una spiaggia di Brighton molto frequentata all'epoca e dove le attività erano più che mai diverse. Si vede l'imponente fila di case sulla sinistra, capeggiata dalla mole dell'Albion Hotel, aperto nel 1826, e il lungo pontile che successivamente avrebbe interessato anche un quadro di Turner, e che taglia la linea del mare.
Si tratta di un quadro dall'atmosfera complessa, non di immediata fruizione, concepito secondo la poetica di un pittore insensibile alle scene di genere e che sa trarre intensità anche da un soggetto abusato "[dopo una descrizione della continua e indecente confusione sulla spiaggia] La parte signorile, il viale sul mare, è ancor più artificioso – con il suo aspetto pulito e ordinato, e il suo molo o banchina d'ormeggio elegante e inoltrantesi nel mare per un buon quarto di miglio. In breve qui non c'è nulla per un pittore tranne i frangiflutti e il cielo, che è veramente bello e vario. Le barche da pesca sono pittoresche, ma non quanto quelle di Hasting [...]. Tali soggetti sono talmente sfruttati nell'Esposizione, e sono in realtà così poco in grado di far emergere quel meraviglioso sentimento che il paesaggio in genere possiede da arrecare gran danno all'arte."

Proprio da quella spiaggia così sfruttata dai pittori minori Constable ottenne un paesaggio intenso, espressivo fino allo stridore; lo stesso amico Fisher ne ebbe una reazione imbarazzata definendo certe occasioni pittoriche del maestro "rappresentazioni feroci della bellezza" e si sentì di consigliarlo in questo modo "Calmate il vostro animo e, nel contempo, i vostri mari e lasciate spazio alla luce del sole e alla serenità."
Anche la critica e il pubblico non gli furono favorevoli tanto che neanche questa volta trovò acquirenti. Il London Magazine definì il quadro un "dolore per gli occhi" e seguitò dicendo "E' evidente che i paesaggi di Mr. Constable sono simili alla natura, ed è ancor più evidente che sono dipinti. Non viene fatto alcun tentativo di celare l'arte. Essi sono il frutto dell'amore per il veicolo materiale o di sciatteria e rozzezza compiaciute."
Constable compose la sua scena accostando molti elementi e creando una tensione tra questi in modo che la narrazione si facesse complicata ma allo stesso tempo espressivamente compatta. In primo luogo non mancò di riservare al cielo un'ampia parte dell'opera e lo dipinse interamente coperto di nuvole minacciose. Il quadro in realtà era inizialmente più grande nella parte sinistra, dove si vedevano figure in primo piano ed un'altra imbarcazione, ma nel 1829 ne tolse circa venti centimetri e l'immagine fu dominata dal mare e dalle nuvole grige.
Inoltre mise bene in evidenza il duro lavoro legato alla pesca, seminando attrezzature corrose dalla salsedine e dall'uso sulla sabbia contaminata. Tra tutto questo trambusto collocò due figure femminili in cammino che si riparano con l'ombrello, le cui vesti sono tese per il forte vento. Una donna e il suo bambino attendono l'approdo di una barca che si sta approssimando tra le onde agitate. Due uomini trascinano delle reti fuori dall'acqua mentre un altro, forse un funzionario doganale, sembra aspettare anch'esso che i marinai sbarchino.

L'intera scena ha un dinamismo nervoso, una fretta ispirata dall'arrivo del temporale; si ha la sensazione che lo spazio si svuoterà da lì a poco e che tutti siano sul punto di finire quanto stanno facendo per andare a mettersi al riparo. Benché siano presenti diverse figure si prova già un senso di solitudine che è amplificato dall'ombra incombente su quella parte di spiaggia.

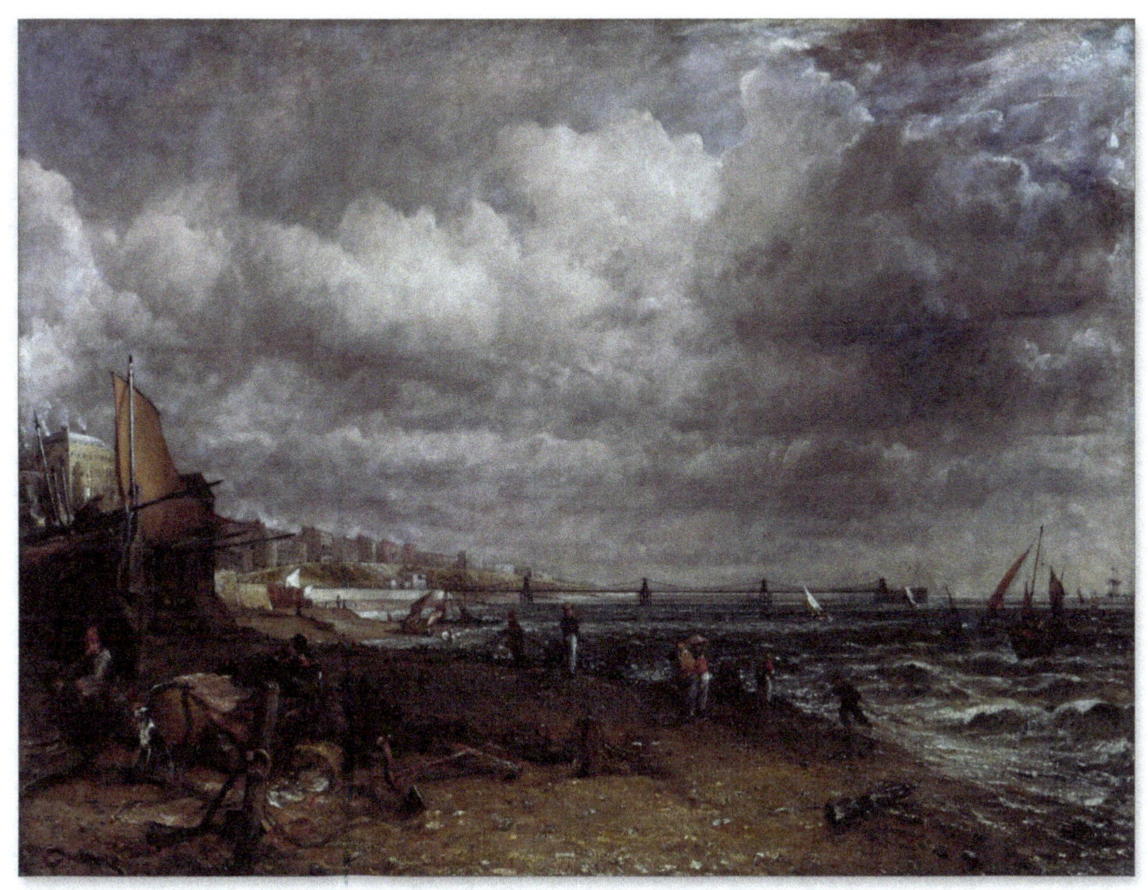

31
Dedham Vale (pag. 82)
olio su tela 145 x 122 cm
National Gallery of Scotland, Edimburgo

Realizzato nel 1828, questo dipinto ripete la veduta di quello ugualmente intitolato che Constable
eseguì nel 1802. Le differenze sono evidenti: quest'opera rivela facilmente la maturazione artistica
del maestro e si presenta più complessa e significante.
Lo spazio che corre tra la parte in primo piano ed il campanile sullo sfondo è descritta più riccamente
e resa con una pennellata lucente e sottile. La versione precedente è sfumata, leggera, e descrive
il paesaggio giocando su una sovrapposizione di piccole macchie velate. Nel dipinto del 1828
invece i colori sono graffiati, più incisivi. Inoltre, se si guarda al gruppo arboreo, si vede che quello
precedente sale con una linea dolcemente ondulata mentre, nel secondo caso, le piante svettano
verso il cielo con energia, come uno sforzo tendineo, accentuato da una consistenza spettrale che si
vede nei riflessi della corteccia. Il primo albero sembra addirittura privo di collegamento sostanziale
con la terra perché la parte di contatto è stata resa con una pennellata leggera, inconsistente.
Il tronco e i rami riflettono vigorosamente la luce proiettando allo stesso tempo una fitta ombra
sul terreno sottostante. Questa massa scura trova corrispondenza nella parte più alta del cielo,
anch'essa cupa, ed insieme chiudono la scena in una cornice drammatizzante. Ad accentuare questa
sensazione concorre il temporale che si vede sulla sinistra all'orizzonte. E' un cielo molto vivo,

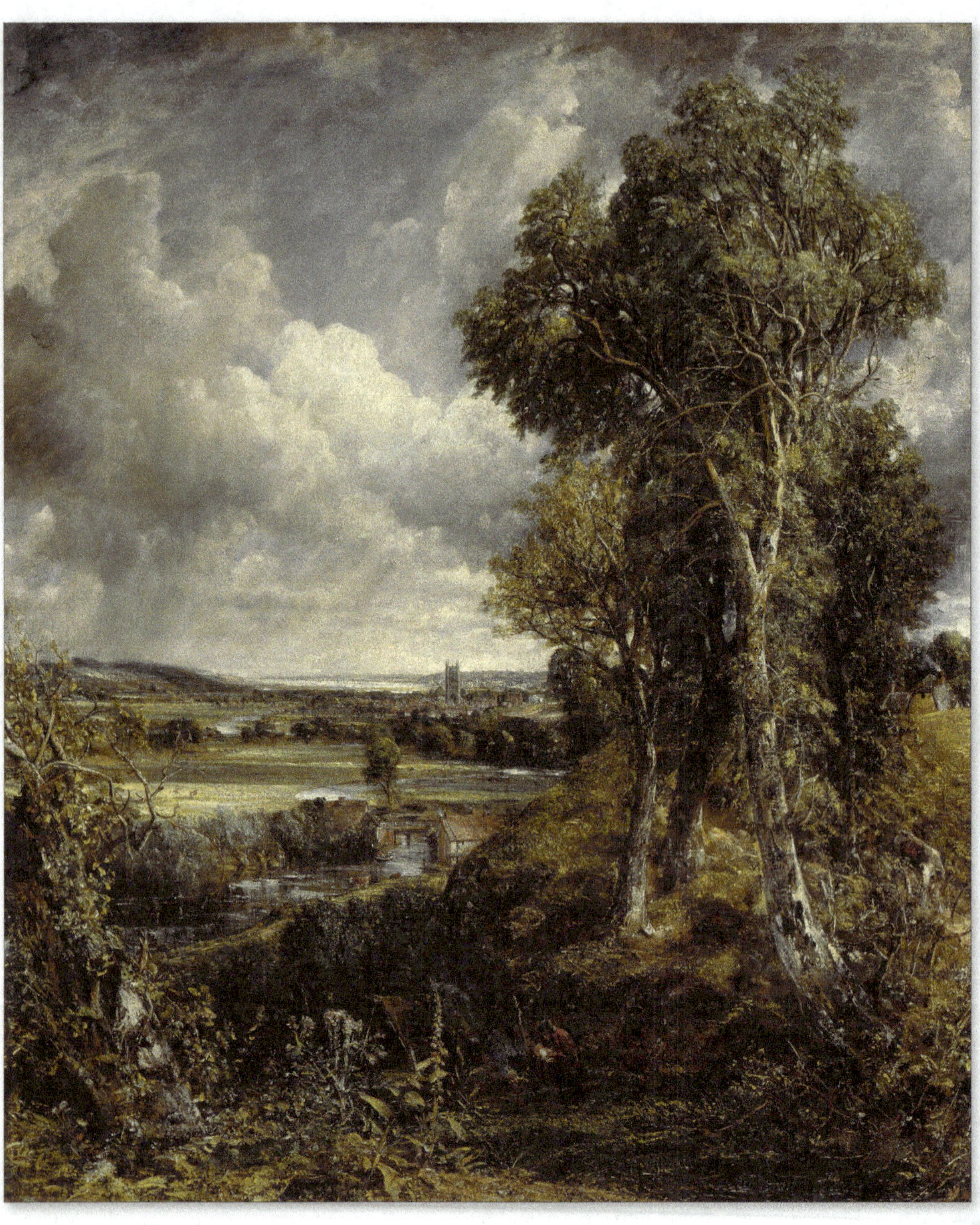

come sempre accade nella pittura di Constable, ed anche in questo caso le nuvole sono cangianti, instabili; ma qui si vede la volontà di riunire l'intera scena sotto una visione espressiva che ha ormai abbandonato la sensazione di serenità ispirata prima dalla campagna: il maestro racconta un paesaggio mutato insieme alla condizione dei suoi abitanti.

In effetti, l'economia inglese si andava evolvendo a nocumento dei contadini perché la potenza che aveva acquisito in campo internazionale le permetteva di acquistare dall'estero a prezzi convenienti ma di sfavorire la produzione interna.

Pertanto le comunità rurali si erano viste cambiare drammaticamente le condizioni di sostentamento. Una simile atmosfera sembra trovare eco in questo dipinto e la presenza della donna in primo piano appare come una conferma: viene mostrata lontana dalle abitazioni, isolata, come se ne fosse stata esclusa. Ad accentuare la sensazione è il piccolo che tiene in grembo, una figura minuscola e fragile che sopravvive grazie a lei in un ambiente tutt'altro che bucolico. Vicino a loro c'è un riparo esile ed il mondo che possiedono si risolve tutto qui.

Si tratta della prima figura femminile ritratta in primo piano da Constable, una donna curva sul figlio, schiacciata dalla natura che la circonda.

32
Hadleigh Castle (pag. 84)
olio su tela 122 x 164,5 cm
Paul Mellon Collection, Yale Center for British Art
New Haven, Connecticut

Il quadro venne eseguito probabilmente a seguito dell'elezione di Constable a membro effettivo della Royal Accademy e quindi per il suo spirito di partecipazione attiva alla vita dell'istituto. Del resto il soggetto era in linea con il gusto estetico dominante e pertanto sarebbe stato accolto favorevolmente, cosa che il pittore desiderava molto dal momento che non pochi erano stati i colleghi avversi alla sua inclusione. Tuttavia il maestro sviluppò il tema allontanandosi dalla chiave romantica diffusasi, in primo luogo, a seguito dell'opera di Turner: Dolbadern Castel, realizzata nel 1800.

Nella sua tela la rovina non è enfatizzata dai giochi luminosi e dalla posizione, seppure domini con forza la scena; Constable preferì privilegiare la torre spezzata ponendola sulla linea visiva dell'osservatore, senza che questa incombesse dall'alto, e la collocò tra le altre parti diroccate che a loro volta condividono le irregolarità del paesaggio diventandone parte integrante. Lo stile è quello consueto: raschiature, pennellate imprecise e luccicanti, un cromatismo acceso e vario.

Ovviamente la tela non piacque per questi motivi e fu criticata da diverse riviste del settore; inoltre non venne accolta bene neanche la scelta dell'autore di non celebrare la torre e di non dare forza espressiva all'intera composizione. Constable in effetti rimase coerente alla sua poetica, senza nulla cedere agli espedienti retorici e tenendosi quindi alla larga da facili romanticismi. Accanto alle rovine del castello passano dei pastori con i loro animali e gli uccelli che le sfiorano non hanno nulla di maestoso nel loro volo. Le pareti curve della torre si aprono in una spaccatura resa molto evidente dal fatto che coincide con l'occhio di chi osserva: questa mancanza di scorcio toglie la patina pittoresca alla ferita mostrandola per il semplice crollo quale è. Ne consegue che l'edificio altro non è che un involucro abbandonato, incapace di proteggere e di resistere.

La critica ha riconosciuto in questa scelta narrativa un forte riflesso della vita personale del pittore, profondamente segnata dalla perdita della moglie. La fascinazione per quest'ipotesi è forte dal

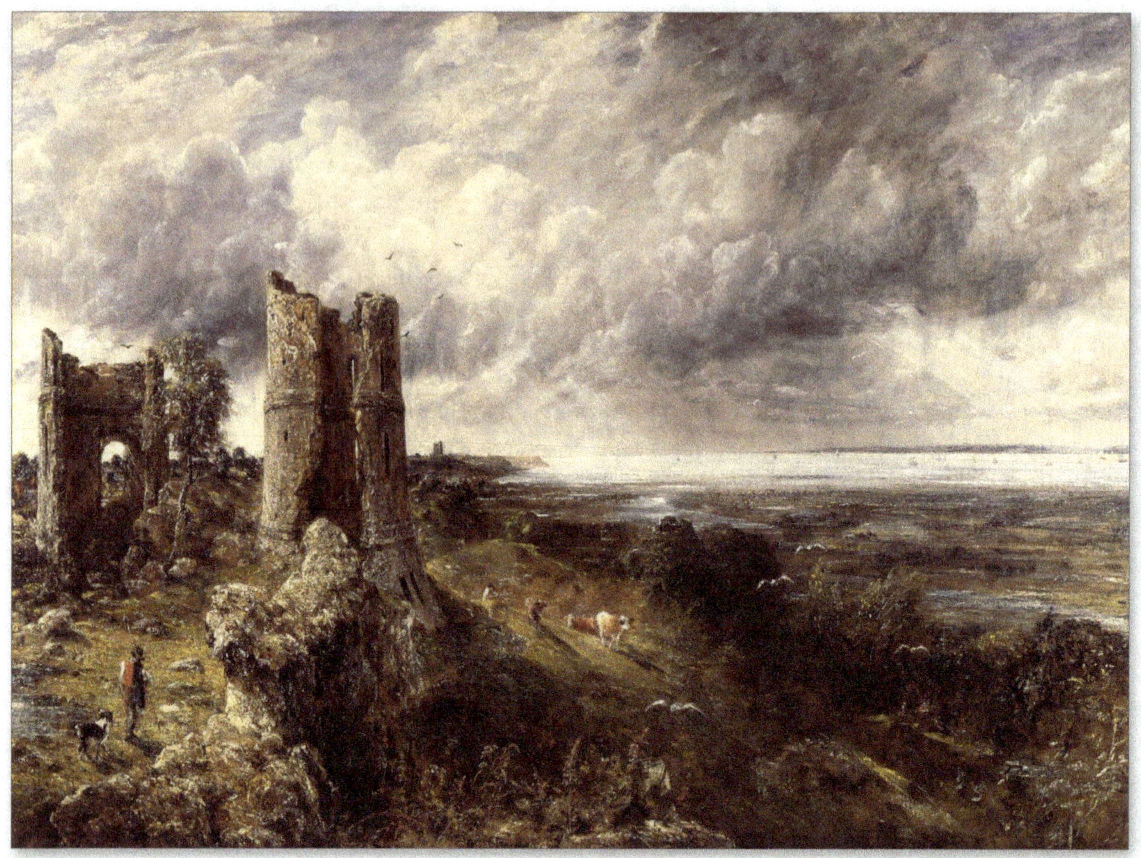

momento che i ruderi sembrano resistere a stento ai danni del tempo e non hanno nulla di eroico nel farlo, piuttosto, esprimono un senso si sopravvivenza incurante, priva di scopo.

Tale sensazione è acuita dal fatto che la gamma cromatica è uniforme e che i muri non si differenziano in nulla dal terreno sul quale di ergono: la natura li sta assimilando, li consuma sciogliendoli negli elementi primari, senza che il lavoro umano possa offrire una resistenza apprezzabile. Questa è una novità per l'opera di Constable, come del resto lo è il rappresentare delle rovine; qui non si vede l'azione dell'uomo intesa come elemento narrativo, non siamo di fronte al gesto che costruisce, che interviene sul paesaggio modificandolo, in questo caso è la natura che cambia ciò che ha fatto l'uomo cancellandone il segno che aveva tentato di lasciare.

La composizione segue le linee portanti dello stile di Constable: vediamo sulla sinistra la massa dei due elementi architettonici e nella parte centrale e sulla destra un ampio spazio aperto sulla prospettiva lontana e sul cielo tempestoso. La luce filtra duramente tra le nuvole disegnando fasci di chiarore quasi innaturali che inondano lo specchio d'acqua trasformandolo in una lamina metallica. Questo esperimento si ripeterà anche nel successivo L'inaugurazione del ponte di Waterloo vista da Whitehall Stairs e ancora in seguito, verso un paesaggismo con forti valenze simboliche.

Per quanto se ne sa Constable eseguì dei disegni sul luogo, l'estuario del Tamigi presso Southend, nel 1814 e non vi ritornò più. I resti del castello, tutt'ora esistenti, furono elaborati in uno studio full scale e poi tradotti in opera finita.

La resa degli spazi paludosi, del clima turbato ma non ritratto in un'effettiva tempesta, della presenza umana casuale e disinteressata, caricano il dipinto di una tensione emotiva molto forte avvolgendone lo spettatore e determinandone con efficacia lo stato d'animo.

33
La cattedrale di Salisbury vista dai campi
olio su tela 151,8 x 189,9 cm
Collezione privata, in prestito alla National Gallery, Londra

Opera del 1831, che si basa su due disegni del 1829, è ritenuta la più importante del periodo maturo e riporta dei soggetti già trattati in opere precedenti quali il carro che passa a guado il fiume, desunto dal Carro da fieno, il cane in primo piano, da Campo di grano, la piccola barca a remi posizionata dietro al cavallo bianco che compare anch'essa nel Carro da fieno.
Fisher ebbe modo di commentare in una lettera la scelta rappresentativa dell'amico "Sono certo che la "Chiesa sotto la nuvola" sia il miglior soggetto che potete scegliere". Il commento aveva una corrispondenza con la realtà dal momento che la salita al governo dei Whigs nel 1830 metteva in difficoltà la Chiesa d'Inghilterra con il tentativo di riformarla e di togliere l'esercizio di diversi uffici ai sacerdoti. La presenza nel quadro dell'arcobaleno che tocca il terreno in corrispondenza della casa di Fisher ha un valore simbolico esplicito e ne acquista ancora di più sorvolando il campanile della cattedrale per sfidare il temporale in corso e proteggere l'edificio di culto.
Constable conosceva bene i fenomeni atmosferici tanto da assicurarsi che la rappresentazione che faceva di questi corrispondesse alle loro caratteristiche reali, ma in questo caso volle falsare la realtà per arrivare ad una valenza simbolica che, a dire il vero, sembra fin troppo compiuta.

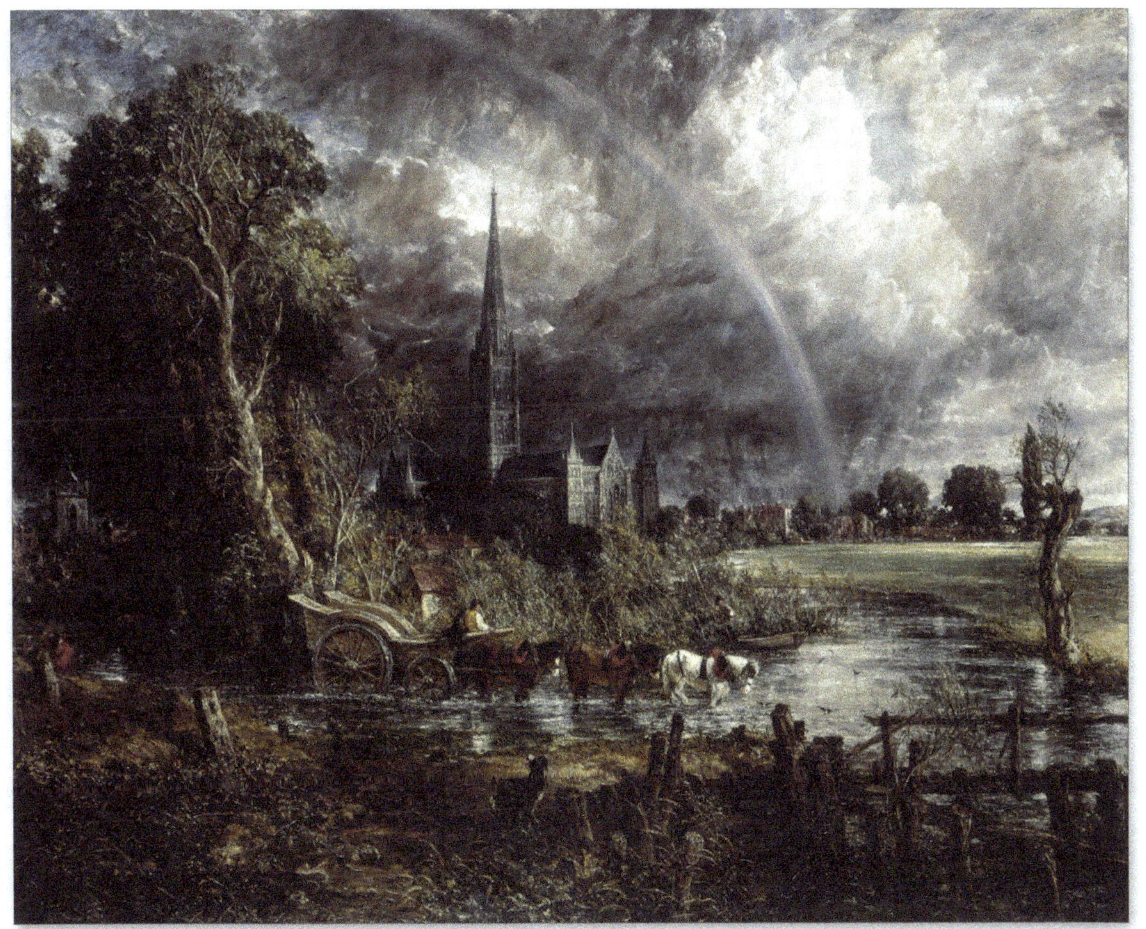

Anche lo stile pittorico è portato ad un'abbondanza che non si trova nelle opere precedenti: le luminescenze diffuse su tutta la vegetazione sono molto intense e superano la resa dell'umidità ambientale; gli alberi e le piante vengono descritti con minuzia iperrealista e fremono di una luce innaturale. Un critico commentò così il dipinto " Un paesaggio magistrale e assai vigoroso che qualcuno ha alterato durante la sua esecuzione, con l'aggiunta di nuvole che nessun essere umano può aver mai visto e con macchie di guazzo bianco sparse qua e là su tutto il primo piano."
Dopo la prima mostra Constable decise di ritoccare il dipinto e quando lo spedì per la mostra successiva, tenutasi a Birmingham nel 1834, ebbe ancora dei pentimenti dal momento che rimase affascinato dagli effetti luministici di un quadro di Aelbert Cuyp, il Villaggio di Dordrecht. Trovò la resa del cielo e gli effetti di chiarore "così naturali da fa desiderare di averla vista prima di spedire via il mio Salisbury".
Il quadro fu concepito mentre era ospite di Fisher, nel giugno 1829, e venne preceduto da uno schizzo a dimensione naturale. Constable vi lavorò per due anni; un periodo piuttosto breve per i suoi canoni. Tuttavia, come si è visto, tornò a ritoccarlo più volte e la prima stesura di colore, prevalentemente a spatola, in particolare nella zona del prato, venne lisciata e resa meno materica. Dopo il 1831 il pittore intervenne con un pennello di zibellino, molto fine, per conferire all'immagine più delicatezza.
A parte i recuperi iconografici sopra detti Constable ricorse anche al suo modo di rappresentare la struttura arborea aperta verso lo spettatore, così che fossero evidenti le ramificazioni interne e che risultassero incorniciate dal fogliame. Ne La chiusa l'albero sulla destra è descritto in maniera molto simile e costituisce un punto di arrivo che rimase costante negli anni della sua carriera pittorica.
Il dipinto è quindi un'alternanza di motivi figurativi già sperimentati e di effetti pittorici di vario genere; non c'è una coerenza che leghi l'intera realizzazione e pertanto ci si trova davanti ad una tela composta, dalle atmosfere diverse ed accostate tra loro. Di sicuro emerge con forza la grande esperienza dell'artista, la vastità delle sue conoscenze e delle sperimentazioni ormai consolidate.
Oltre a ciò è facile cogliere dietro a quest'immagine sontuosa un animo inquieto, provato dalle tristezze della sua esistenza, forzato nella propria espressione da una volontà di comporre molti sentimenti in un soggetto che sentì fortemente simbolico.

34
L'inaugurazione del ponte di Waterloo
vista da Whitehall Stairs, 18 giugno 1817
olio su tela 134,6 x 219,7 cm
Tate Gallery, Londra

Terminato nel 1832 questo dipinto fu il risultato di un lavoro durato circa dieci anni. Constable si misurò con la veduta cittadina che non corrispondeva al suo amore per i paesaggi naturali, tuttavia il soggetto fu affrontato secondo i canoni a lui soliti e pertanto non manca un cielo inquieto e la presenza dell'acqua sulla quale scorrono le imbarcazioni. In pratica ci troviamo di fronte ad una rappresentazione fluviale fortemente variata ma pur sempre in linea con la produzione del maestro.
Il passaggio di Canaletto a Londra aveva inciso profondamente nel panorama artistico dettando le regole della rappresentazione chiara e puntuale di tutti i particolari; la scena, per il maestro italiano, era il risultato dell'acquisizione cognitiva di quanto doveva essere ritratto e del metodo prospettico

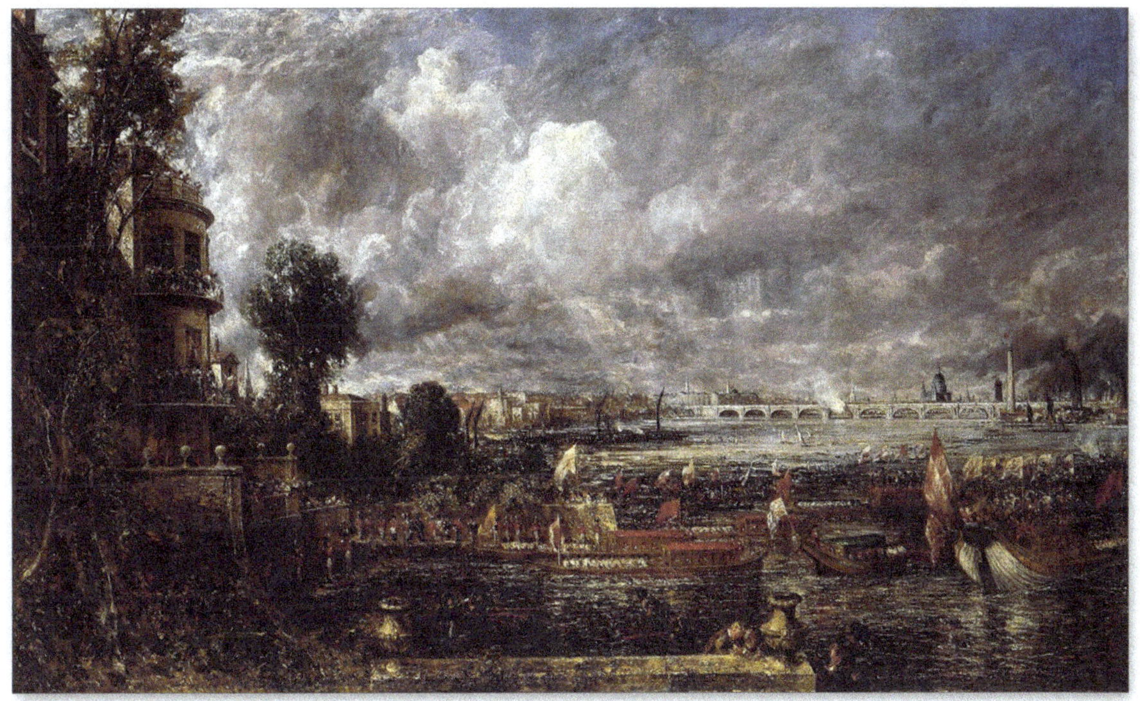

sostenuto dalla ferrea regolazione dei chiaroscuri e della nettezza del segno.

Il risultato era quello della veduta sobria, finemente regolata, godibile da un punto di vista rialzato che abbracciava tutti gli elementi e li portava alla ribalta.

L'equilibrio della composizione era dato dal taglio della visuale, che metteva in evidenza un punto particolare o un edificio, e collegava nella fuga prospettica le altre parti dislocandole come elementi narrativi mai secondari.

Tale impostazione trova punti di contatto comuni con la pittura di Constable perché anche il maestro aveva un gusto molto accentuato per il taglio visuale dell'immagine e sapeva bene come rendere l'immediatezza di una scena.

D'altro canto la pennellata pura di Canaletto a lui non interessa ed è molto evidente in questo dipinto che venne realizzato con le consuete raschiature e i colpi di luce brillanti. C'è una vibrazione che pervade tutto: i riflessi dell'acqua, le chiome degli alberi, le figure umane e le architetture; ogni cosa sta baluginando, al contrario di Canaletto che affermava con evidenza scientifica tutto ciò che passava dal suo pennello.

Constable decise di suddividere la rappresentazione su molti livelli prospettici che sono anche narrativi: in primissimo piano vediamo due fanciulli impegnati nel loro gioco; sono la parte del mondo che non è ancora coinvolta dall'evento, sostituiscono quello che poteva essere il sentiero per arrivare al centro del campo o ai margini del fiume. Infatti si trovano molto vicini all'acqua ed inoltre sulla parte terminale del primo elemento architettonico che fa da base alla successione delle scene. Oltre si trovano le imbarcazioni che si stanno approssimando all'approdo; in loro c'è movimento, cioè lo svolgimento della storia; un espediente narrativo fondamentale nell'opera di Constable. Sulla sinistra le costruzioni terrazzate riempiono lo spazio ed esaltano il pieno che pervade il centro e la destra della tela; come sempre, c'è molto cielo e le nuvole sono scosse da un'energia tellurica. Più in profondità c'è un'altra linea di barche che sottolinea quella più vicina allo spettatore secondo un gioco di equilibri consueto che il maestro adattò anche per questo tipo di rappresentazione. Dopo un intervallo generato dallo specchio d'acqua invaso dalla luce, e che si sgancia fortemente dai toni freddi della prima parte, si erge il lungo ponte a svantaggio della città la quale riesce a sporgersi da dietro soltanto grazie alle cupole più alte. Non c'è alcuna celebrazione né tanto meno uno sguardo privilegiato: ancora una volta Constable fu in grado di rendere con la sua pittura l'accidentalità della visione che non conosce priorità: ciò che si vede diventa sapere grazie all'impressione che ha generato nello spettatore e cioè grazie al coinvolgimento emotivo, inteso come collegamento alla parte più interiore ed anche intellettuale. Non c'è nessun ordine a priori, nessuna decisione che preceda quanto si vedrà, e quindi la visione è libera e rimane tale anche quando immortalata.

Come si è visto il maestro procedette con molta lentezza alla realizzazione della tela e la ampliò dopo essere stato sulla terrazza della residenza di Lord Pembroke, aperta proprio sullo scenario riprodotto nel dipinto. Vennero aggiunti sessantuno centimetri per rappresentare il balcone in primo piano.

L'uso di riprendere i suoi quadri fu una costante nell'attività di Constable e pertanto non deve essere evidenziata in questo caso per sottolineare le incertezze del pittore in merito alla presentazione del dipinto; va detto però che la lunga lavorazione accompagnò anche la sua frustrazione dovuta al fatto che il genere naturalistico da lui privilegiato non trovava altrettanto entusiasmo tra il pubblico. In una lettera che inviò a Charles Leslie, datata 14 gennaio 1832, si leggono parole sconfortate "Caro Leslie, circa il fatto di incontrarci in questi grandi scenari, ricordati che essi non sono fatti per me, né io per loro; d'altronde, forse, è meglio così. La mia arte, limitata e distaccata, va trovata sotto ogni siepe e in ogni stradina di campagna e per questo nessuno pensa che sia degna di essere raccolta."

Il dipinto venne accolto con pareri contrastanti: alcuni approvarono, altri non accettarono la mancanza di nitore accademico che si esigeva dalla pittura dell'epoca e la tela fu soprannominata "la giubba di Arlecchino". Le spatolate di verde intenso con le quali era stata resa la superficie dell'acqua, la pesantezza del pigmento, la pioggia di riflessi luminosi quasi stridenti che si posava sopra ogni cosa, non incontrarono il gusto del pubblico ma è significativo il fatto che Turner pensò di tornare sul suo quadro all'ultimo momento forse per il timore che risultasse sotto tono rispetto a quello del suo collega.

C'è un'altra versione di questo soggetto, meno intensa, portata anch'essa a compimento nel 1832, dove non si trovano le soluzioni ardite relative in particolare alla resa del cielo: il quadro presentato alla mostra ritrae i raggi solari mentre filtrano con forza attraverso le nuvole, in modo innaturale, volutamente espressivo; una scelta poetica che si ripeterà sempre di più nella produzione matura.

35
La fattoria nella valle (pag. 30)
olio su tela 147,3 x 125,1 cm (tavola a pag. 30)
Tate Gallery, Londra

Nel 1835 Constable realizzò questo six-footers riprendendo un soggetto dipinto nel 1814. L'opera fu pagata 300 sterline, una cifra che il pittore non aveva mai raggiunto prima, e venne acquistata da Robert Vernon. Nel 1847 fu donata alla National Gallery e nel 1919 trovò la collocazione attuale alla Tate Gallery.

La Royal Academy l'accolse con molte critiche ma fortunatamente per il pittore era già stata venduta prima ancora della mostra.

La scena è resa con una tonalità dominante sul marrone; la casa seminascosta dal grande albero apparteneva a Willy Lott e si miscela con il paesaggio per le pennellate sfrangiate che il maestro utilizzò. Il soggetto della ragazza sulla barca è ripreso da un acquerello precedente ma la sua figura è capovolta, così come è capovolto l'albero più vicino allo spettatore che appare già ne La cattedrale di Salisbury vista dai campi del 1831.

La luminosità è diminuita perché non è presente la consueta zona assolata che contrastava con quella in ombra generando un'esaltazione reciproca; in questo caso ci sono soltanto alcuni riflessi nella vegetazione dovuti alle luminescenze modeste del corso d'acqua ed infine la casa ha soltanto alcune parti rischiarate e su buona parte del tetto non cade la luce che pervade il cielo e le grandi nuvole inquiete. In coerenza con il suo stile Constable adottò sul manto pittorico le raschiature che eliminavano quel senso di pulizia e finitezza tanto invocato dall'accademia ed accentuò il clima oscuro che nulla aveva a che vedere con gli espedienti romantici e pittoreschi dei suoi colleghi. Forse più in questa che in altre opere egli volle trattare l'atmosfera in modo complesso: utilizzò tonalità profonde che miscelavano la vegetazione alle figure, non esaltò alcun soggetto e distribuì i punti luminosi in modo che ciò che veniva mostrato con evidenza non fosse motivo di interpretazioni metaforiche.

La parete dell'abitazione che risalta meglio è anche quella che comprende l'uscio; da questo si sporge una donna. Si tratta di una scena quotidiana ma, come sempre accade in Constable, non di genere perché le azioni che distribuisce nel quadro non sono mai celebrate da un punto di vista particolare. Piccoli gesti avvengono lontani dallo spettatore, come se chi li compie non sapesse di essere osservato e pertanto continuasse a vivere in piena naturalezza.

Soltanto la ragazza e l'uomo che spinge la barca in primo piano potrebbero essere interpretati come una scena di maniera ma se guardiamo alle opere precedenti vediamo nel movimento del remo la stessa geometria dinamica, seppure in dimensioni ridotte, che viene espressa ne La veduta dello Stour nei pressi di Dedham del 1822. Ciò che a Constable preme è sempre il rappresentare secondo la dinamica percettiva, che non diventa narrazione, quindi trasposizione del ricordo in una trama costruita appositamente, ma consapevolezza del processo cognitivo che viene poi riversato nel mezzo pittorico, inteso quest'ultimo come ulteriore momento della percezione e quindi istante altrettanto dinamico della conoscenza. Per questo motivo tutti i dipinti di Constable hanno uno carattere teatrale, di avvenimento immediato ed unico.

36
Il cenotafio
olio su tela 132 x 108,5 cm
National Gallery, Londra

L'artista lo dipinse nel 1836 e si rifece ad un suo disegno eseguito sul posto nel 1823. Il quadro venne acquistato da Carpenter per la famiglia Constable e donato al museo da Isabelle Constable nel 1888.

Il soggetto è il cenotafio eretto a Sir Joshua Reynolds da Sir George Baeumont, nel 1812; sopra di esso è leggibile appunto il nome Reynolds. Accanto sono visibili i busti che Beaumont fece collocare raffiguranti Michelangelo e Raffaello.

L'opera ha diversi aspetti inconsueti per il pittore: in primo luogo ricrea una scena autunnale, una stagione che l'artista non amava per ambientare i suoi paesaggi e alla quale concesse comunque questo olio, cosa che non fece addirittura mai per l'inverno. Poi ritrasse per la prima volta il cervo, ed infine dipinse un bosco poco spontaneo nel quale gli alberi sono disposti in modo celebrativo intorno all'obelisco. Le loro posizioni si succedono in maniera artefatta ed aprono uno spazio senz'altro concepito dall'uomo ma che nella tela assume un carattere vagamente retorico. La presenza del cervo crea l'atmosfera solitaria di cui si ammantano talvolta i monumenti e che in questo caso sconfina nell'abbandono dal momento che l'animale è una creatura veloce, transitoria, che fugge ad ogni piccolo rumore. Constable lo ritrae mentre guarda verso lo spettatore, forse un istante prima che questi emetta un suono tale da spaventarlo , e pertanto dipinge la scena un attimo prima di essere abbandonata dall'unica creatura capace di movimento, di dinamicità. Resteranno quindi soltanto gli alberi silenziosi, aperti verso il cielo per far passare la luce del giorno.

L'ombra ed i marroni dominano la composizione, come già era avvenuto per La fattoria nella valle, e troviamo il tipico luccicore che anima i rami e pervade il suolo vagamente paludoso.

Seppure la presenza arborea non abbia la consueta spontaneità e lo scorcio visivo non sia espressivamente accidentale come sempre fu nella sua opera, va detto che il maestro si astenne dal dipingere un'immagine celebrativa del monumento e che lo ambientò nel suo tipico paesaggio non antropizzato e vagamente inospitale. Certo, rimane una nota romantica inattesa che però non si perde negli effetti squalificanti di una suggestione superficiale; Constable seppe ricordare un grande maestro senza essere servile o ridondante.

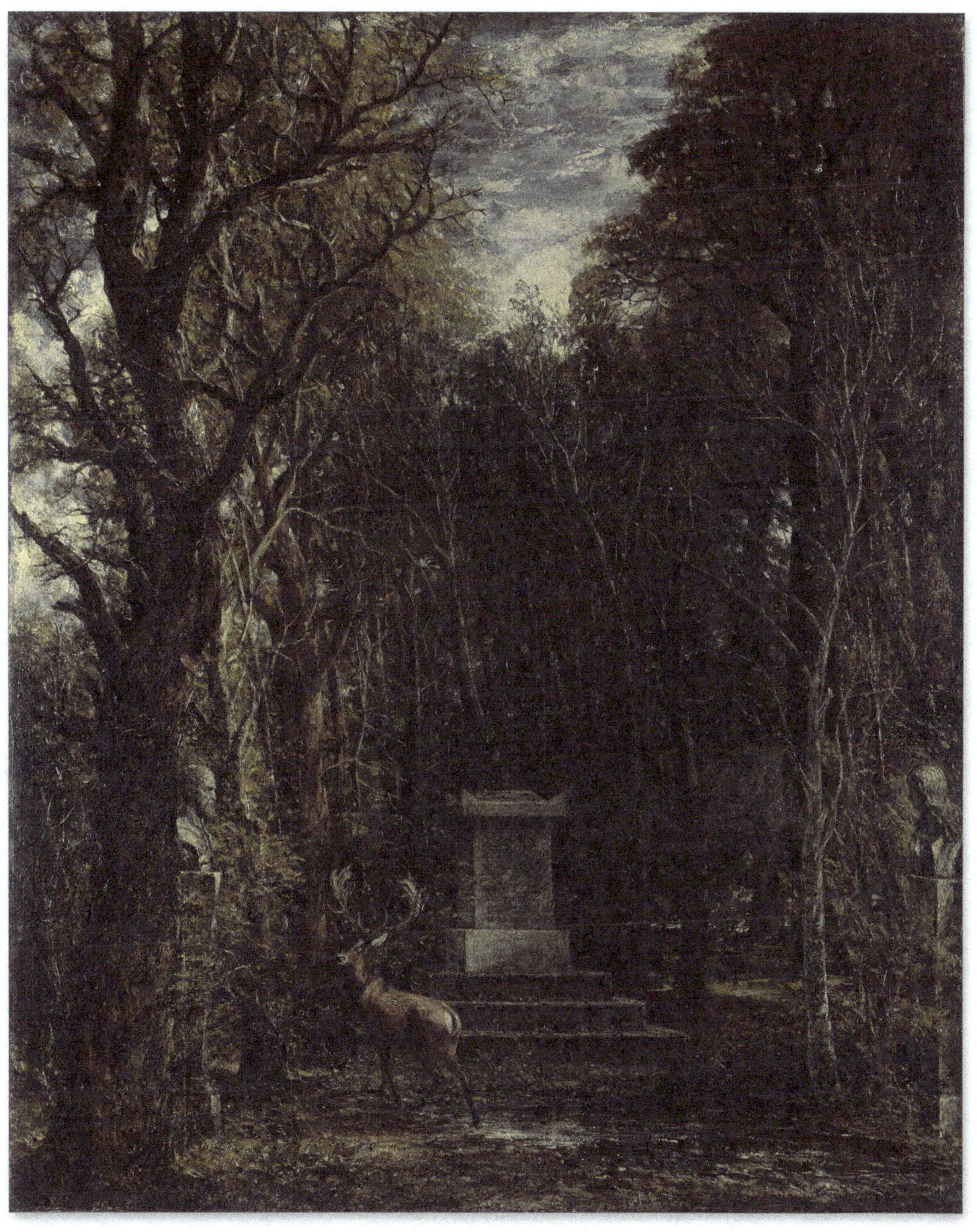

37

Stonehenge

acquerello su carta 38,7 x 59,1 cm
Victoria and Albert Museum, Londra

"Il misterioso monumento di Stonehenge, che si erge solitario in una brughiera nuda e sconfinata, tanto slegato dagli eventi delle epoche passate quanto dal suo uso nel presente, vi porta all'indietro fino a raggiungere l'oscurità di un'era del tutto ignota."
Così si leggeva nel catalogo per la mostra alla Royal Academy del 1836; parole scritte da Constable in occasione di questo acquerello che era una riflessione sul passaggio delle epoche umane, sulla loro traccia residua incapace di restituire il tempo occupato, gli scopi di chi le visse.
Le pennellate che descrivono il cielo impetuoso ricordano fortemente quelle dell'olio su carta intitolato La tempesta sul mare del 1824. I megaliti, seppure contornati da un netto segno nero, sono anch'essi prodotti di puro pennello, anche se meno dinamico, e si impongono sulla composizione come oggetti giganteschi e casuali. Tale casualità piaceva molto a Constable ed era parte fondamentale della sua poetica; in questo caso non ricorse alle solite masse arboree ma trovò una felice variante nelle grandi pietre erette sul terreno.
La figura umana che si aggira all'interno delle primitive costruzioni ne esalta la potenza mentre la lepre sfuggente a sinistra del dipinto, nella parte bassa, contrasta con la staticità della pietra, accentuandone l'impassibilità. Può anche alludere al passaggio del tempo, così veloce per l'uomo, che però non lo è altrettanto per esistenze che si accostano alla sua, come quelle di alcuni suoi manufatti.

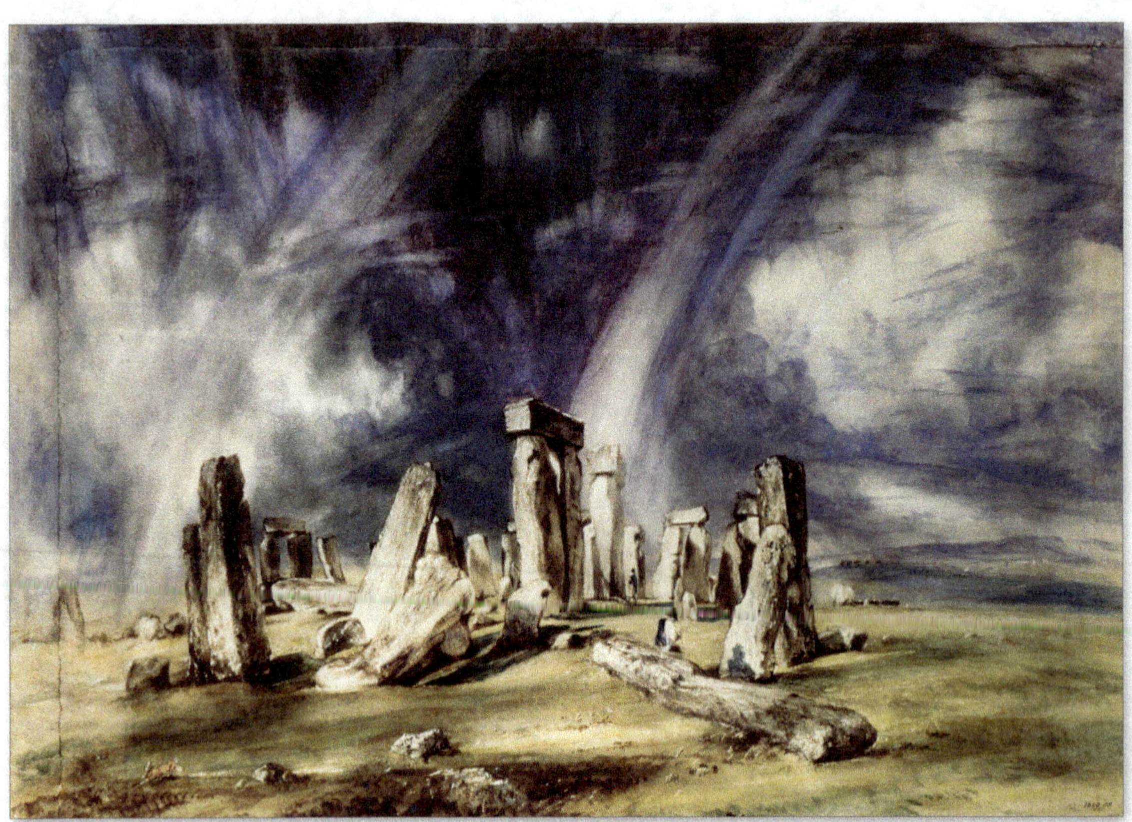

38
Castello e mulino di Arundel
olio su tela 72,4 x 100,3 cm
Toledo Museum of Art, Toledo, Ohio

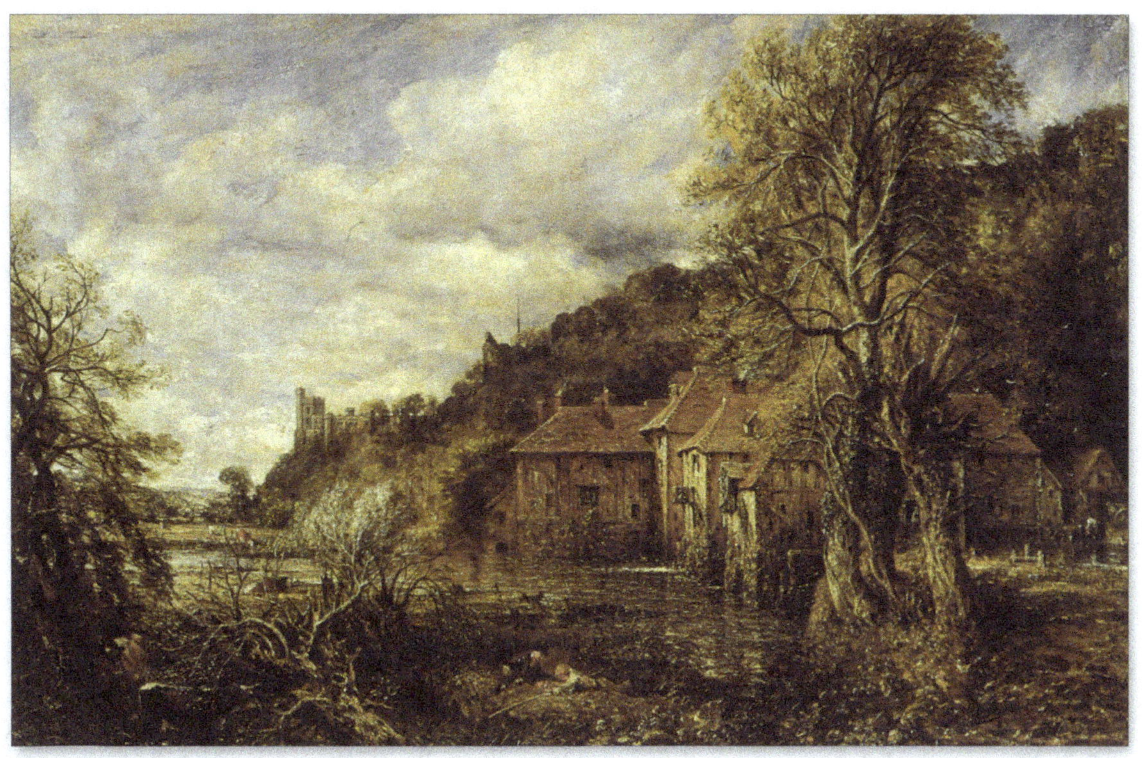

Si tratta dell'ultimo dipinto di Constable che venne esposto dopo la sua morte. Non fu terminato e si basa su un disegno eseguito nel 1835 durante il soggiorno a Arundel.

I toni foschi delle ultime opere sembrano qui allentarsi ed il paesaggio si apre nuovamente ad una prospettiva indirizzata verso il cielo. Il corso del fiume distende la composizione la quale ha uno sviluppo articolato che inizia con l'iconico albero in primo piano le cui ramificazioni superano il fogliame. Una serie di abitazioni allineate sulla riva determina il piano intermedio e lo arricchisce notevolmente perché molto particolareggiata. La vista si concentra poi sul castello edificato in alto e che si staglia sul cielo nuvoloso. La figura umana appare nella forma di due ragazzi ed è la consueta epifania fugace che prelude alla vera scena, come se i passi dello spettatore la escludessero da lì a poco man mano che avanzano.

Tutto riluce con vitalità e anche in questo caso le raschiature sul materiale cromatico non lasciano nulla alla patina compiaciuta dei colleghi accademici.

E' un quadro ricco, avvolgente, da guardare con calma perché trasmette l'attimo pieno di vite diverse e vicine fra loro: sulla destra degli uccelli bianchi si librano tra i tetti, due uomini accostano al fiume i loro cavalli, sulla sinistra una mucca beve alla riva, il grande albero freme alla brezza e inclina verso destra i rami più alti e sottili.

Come sempre, Constable ha compreso nel quadro anche i rumori della natura, oltre alle sue immagini, ed ancora una volta, per l'ultima, ha portato lo spettatore nella sua pittura animata, vivida come l'istante in cui l'ha creata.

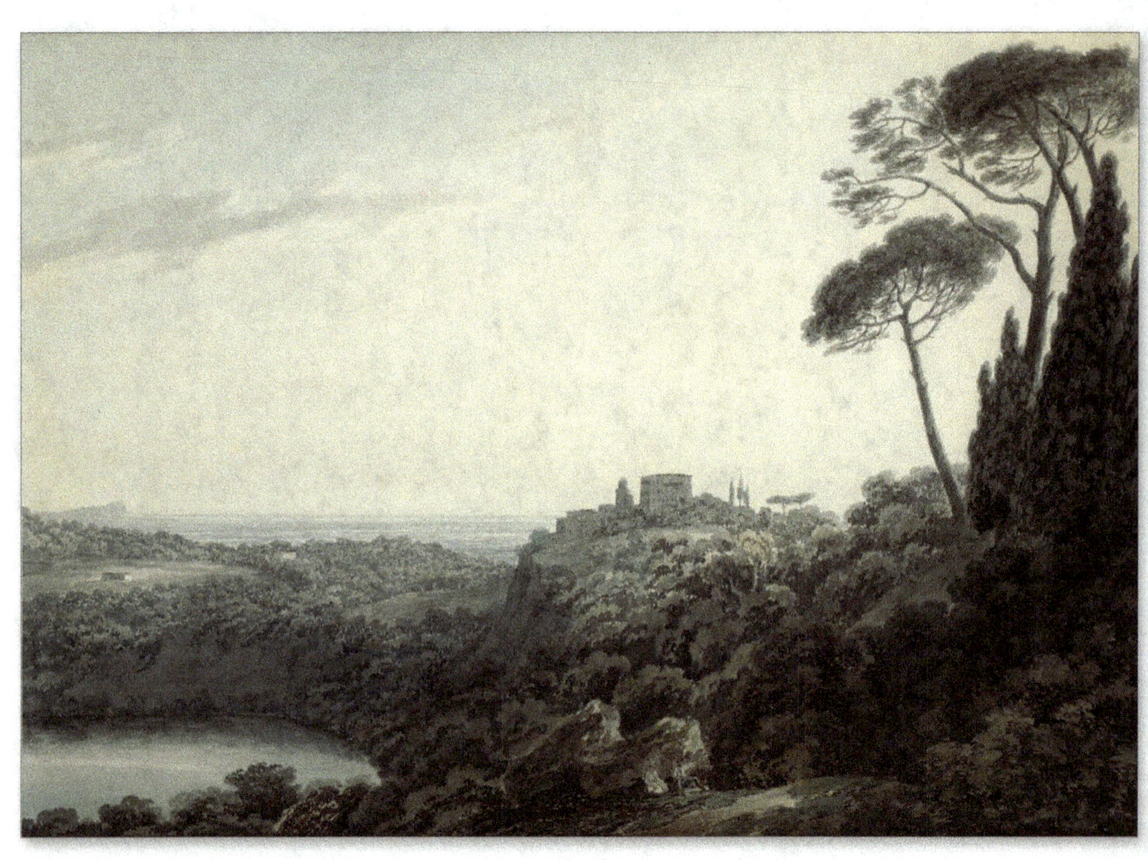

▲ **John Robert Cozens, Lake Nemi,** acquarello su carta 44,5 x 63,2 cm, Londra, Tate Gallery (vedi pag. 11)

L'ARTE E LA PERSONALITÀ

Passare per un sentiero di bosco e poi saperlo ritagliare nella tela, si sa, è cosa da pittori. Cioè non basta camminarci sopra, per arrivare da una campagna all'altra, e poi ricordarsene l'andamento, i salti, le brevi curve; bisogna ripeterlo tutto in una sola immagine che ne valga la lunghezza e le asperità, se non anche i dolci anfratti, gli inaspettati passaggi di piccoli ruscelli. Dire tutto questo con una sola istantanea di colori non è cosa da poco, a meno che, come si è detto, non si sia pittori.

Constable dipinse tutta la vita paesaggi, senza camminare poi troppo sui vari sentieri che si allungavano partendo da casa sua verso i boschi limitrofi. Non camminò molto perché le sue istantanee avevano ben altro parto che un click moderno e comportavano l'ausilio di un cavalletto, di fogli assortiti, di una scatola di colori. Tutto materiale che lui seppe minimizzare confezionandolo in un kit trasformabile in tavolo, sedile, contenitore. Tracciava così le linee importanti delle colline, quelle dalle quali si staccava e proseguiva il cielo, sempre pieno di nuvole tutt'altro che accidiose, capaci di tempestare i campi da un momento all'altro o di lasciare la luce libera di piovere sulle chiome verde scuro. Il resto del lavoro lo faceva in studio, lì vicino, accanto alla casa paterna, comprendendo nelle visioni naturali anche lo scintillio dell'olio ed il gusto per l'eliminazione di grandi parti di campi o di siepi, creando un'inquadratura esaustiva ed immediata che mettesse in risalto il tutto attraverso la parte.

Cose da pittore, ripeto, da pittore paesaggista, che poi si sposterà verso altre vallate, sempre inglesi, spaziando non certo come Turner, il quale percorse l'Europa e l'Italia per fornirsi degli scenari migliori.

Il sentiero nel bosco fu uno dei suoi primi tragitti, come lo fu per Gainsborough, con il quale però dovette convivere il suo inverso, cioè l'ampio orizzonte di Lorrain, pieno di luce, a differenza dell'ombreggiato passaggio tra gli alberi. Luce e ombra quindi, vale a dire chiaroscuro, uno dei punti fermi di Constable, insieme al gusto per il gesto umano, dipendente e proteso verso la natura. Constable era un paesaggista e quindi un narratore dell'animo umano "Il paesaggio non è altro che una parola per dire sentimento", come lui stesso dichiarerà. Perché il paesaggio, per certi pittori inglesi, era come il teatro, quindi il palcoscenico ad uso degli attori e delle loro vicende.

Le storie di Constable furono quasi sempre molto semplici: il passaggio di una barca, un cavallo che traina, dei braccianti in lontananza. Fondamentale fu il fiume, più o meno grande, lungo il quale si svolgeva la vita dei villaggi e si affacciavano le case; un corso d'acqua che scompariva tra la vegetazione, azzurro e turbato come il cielo sovrastante.

In realtà tutta la natura di Constable è scossa da una vitalità che le impedisce di ridursi a fondale perché è immersa nell'umida luce di un presente affollato di entità. C'è l'acqua mattutina sulle foglie, i riflessi del ruscello, i raggi del sole spezzati dalle nuvole; passano piccoli animali e alcuni bambini giocano. Negli intenti del pittore c'è anche quello di farci sentire il vento che muove l'erba e le chiome, e lo possiamo intuire dai rami piegati o dalle vesti delle donne che si sollevano.

Piccole cose si dirà, quantomeno quotidiane; ma hanno un vero valore perché mantennero la pittura di Constable su un piano moderatamente alternativo rispetto alle istanze artistiche più in voga all'epoca, cioè al pittoresco e al sublime. Poetiche di tutto rispetto sia chiaro, eppure vortici pericolosi per chi dipingeva senza un lume personale quindi, in alcuni casi, senza la possibilità di evitare le campagne falsamente amene o i castelli arroccati troppo vicino al cielo.

Constable non rischiò mai il quadro di genere grazie al suo senso della misura, alla sua poetica sottile. Del resto era un pittore che meditava molto sui lavori da realizzare, anche degli anni, quindi era in qualche modo scientifico nel suo processo creativo. Rimaneggiò più volte i dipinti eliminando o aggiungendo una vela, spostando qualche figura, variando di pochi centimetri un particolare che disturbava l'equilibrio. Ma nel dire equilibrio, quando si parla di Constable, non bisogna pensare a composizioni simmetriche con figure calibrate nelle altezze e nelle posizioni; in lui si possono trovare anche errori prospettici, ovviamente voluti, ed elementi sproporzionati rispetto agli altri. Ma non posso definirsi errori di composizione bensì elementi di forza che animano la scena.

Il rimando alla realtà era la vera fonte di ispirazione del maestro, e la realtà non è mai in posa. Constable la studiava nella sua immediatezza e faceva di tutto per conservarla tale a come l'aveva incontrata. Era questa un'impresa non da poco perché la schiettezza del vero appartiene soltanto ad esso e per averne almeno una parte il pittore faceva calcoli su calcoli, scomponeva la visione e la ricostruiva per dipingerla così com'era stata all'inizio. La moltitudine di disegni che ha lasciato ne è una prova: un albero incontrato durante una passeggiata è semplice, ritratto nel dipinto è complesso. Questo perché il vedere una pianta per la prima volta comporta un'immediatezza, mentre il rivederla mentre la si ritrae è l'inverso, è meditazione, è copiarla più volte nella mente. Constable non voleva dare allo spettatore la sensazione di trovarsi davanti ad una copia, voleva farlo sentire immerso nel paesaggio così come ci si era sentito lui quando vi si era trovato effettivamente. Si trattava di un processo innaturale e del tutto mentale: il proporre l'attimo che passa tramite un mezzo immobile quale l'immagine dipinta. Per fare questo ricorreva a quel taglio visuale di cui si faceva cenno prima e tramite il quale tentava di dare l'impressione del passaggio piuttosto che della permanenza contemplativa. Eliminava ampie zone di verde, recinzioni, manufatti, tutti particolari che forse avrebbero descritto meglio la scena ma che allo stesso tempo sarebbero stati troppo esaustivi. Constable non voleva rappresentare tutto lo scenario perché la persona che si fosse trovata ad attraversarlo camminando non avrebbe avuto modo di vederlo tutto come chi si fosse fermato per studiarlo accuratamente.

Lo scopo era quello di non porsi come pittore, per chi osservava le sue opere, ma di persona che guardava allo stesso modo di come guardava il suo pubblico. Quindi cercava di eliminare la differenza tra le due parti e questo per rendere i dipinti ancora più coinvolgenti. Un proposito poco accademico che gli costò molte critiche nel corso degli anni; la Royal Academy infatti proteggeva il ruolo delle arti e ne stabiliva i modi con rigidità. Inoltre non riconosceva nel paesaggismo un genere nobile e ne confinava le opere in sale secondarie. Va inoltre ricordato che gli studenti, in occasione della mostra annuale, dovevano combattere per un posto dignitoso sulle pareti affollate e che spesso le proprie tele finivano appese troppo in alto. Delusioni che facevano male all'animo di Constable il quale soffriva già di un carattere incline alla depressione e allo scoraggiamento. Tuttavia i suoi propositi artistici lo portarono a mantenere una coerenza che lo distinse sempre e che gli permise di creare uno stile profondamente originale "La mia reputazione fra i miei confratelli artisti guadagna ogni giorno di più e sento profondamente l'onore di aver trovato uno stile originale e indipendente rispetto al Signore supremo – intendo Turner -"

In effetti Turner era il pittore per eccellenza ed ogni suo quadro faceva scuola, ma Constable era lontanissimo da lui anche perché non era mai stato un contestatore mentre il grande maestro si era dovuto affermare sfidando le avversità e le derisioni di molti colleghi. Le marine incendiate dai tramonti accecanti e le tempeste furiose che si abbattevano come castighi divini sui piccoli umani non erano pane per i denti di Constable; lui dipingeva campagne attraversate dai canali o al massimo temporali che si approssimavano alla spiaggia mentre i pescatori tornavano a riva. Eppure neanche questa mestizia era bastata a tenere lontane le critiche perché l'Accademia non tollerava il suo pennello poco preciso, i graffi sulla tela, la mancanza di nettezza nel segno. Non si voleva capire che quelli erano gli strumenti per realizzare una pittura viva, palpitante, che avversava le tele patinate nelle quali ridondavano figure troppo rifinite. Ma ai tempi si pensava molto alla dignità del pittore anche perché l'arte circolava tra le classi più elevate e quindi era cosa da gentiluomini. Passasse pure la pratica dello studio all'aria aperta, delle camminate nella natura, ma togliere fulgore ai dipinti perché questi dovessero ritrarre un cavallo attaccato al carro dei contadini era troppo. Si concedeva poco spazio a questi soggetti e quindi poco successo.

Constable tentò di colpire aumentando le dimensioni e dipinse i six-footers; andò bene, ma non sempre, e quelle volte che ebbe successo pregò gli acquirenti di riportargli il quadro per delle modifiche. Insomma il suo atteggiamento non aveva niente a che vedere con quello dei baroni della pittura quali ad esempio sir Joshua Reynolds, il quale insegnava dall'alto come si dipinge e come si è pittori.

Ma Constable aveva troppo da fare per badare a queste forme e i grandi quadri comportavano molto lavoro perché le sue non erano soltanto campagne: c'erano in esse tante piccole narrazioni come la barca ormeggiata nel piccolo ricovero coperto di vegetazione, le radici degli alberi che marcivano lungo la riva imbevute dall'acqua, le chiuse di legno da alzare per variare il livello dei ruscelli. Una storia dentro l'altra che rendeva ogni dipinto un oggetto da osservare con attenzione, a lungo. Niente a che vedere con il bagno di emozioni di un Turner bensì la sensazione di trovarsi davanti all'opera di un uomo che cambiava il suo sentire durante il passaggio lento delle nuvole e che poi annotava la propria evoluzione interiore con i pennelli e con il proposito di procurare un piccolo cambiamento anche nello spettatore.

Tiepide emozioni quindi, espresse con un'arte sottile, sussurrante. Tra la fitta vegetazione sembra di intravedere gli occhi di Constable che spiano il suo pubblico e ne valutano le reazioni. Ciò che il pittore sentiva anima i boschi e i campi, e si può far proprio osservando con attenzione. Ma per ottenere tutto questo non bastavano buoni propositi poetici, servivano quadri ben fatti, e Constable sapeva il fatto suo anche in questo perché la struttura che si cela dietro ai suoi scenari è solida e scientifica. Per comporre un quadro paesaggista occorreva infatti il rigore prospettico che supportava qualsiasi altra opera, soltanto che nel caso delle vedute naturali il pittore non poteva aiutarsi con volumetrie precise come quelle degli edifici o delle strade; il suo materiale erano le profondità casuali delle vegetazioni, i rilievi del terreno. Corpi organici , meno definiti, dalle posizioni cangianti. E poi la luce, vera espressione del movimento e del fuggevole ma anche elemento descrittivo capace di esaltare o mettere in secondo piano ciò su cui si posa. Non ultimo, agente di attrazione per lo spettatore, di coinvolgimento "Calmate il vostro animo e, nel contempo, i vostri mari e lasciate spazio alla luce del sole e alla serenità".

Ad aiutare Constable nel creare il proprio paesaggio contribuì fortemente la pittura olandese e i maestri fiamminghi del passato.

Rubens prima di tutto, con le sue nature animate, piene di forza, con i suoi alberi aperti come scorticati anatomici che mostravano lo scheletro dei rami. E poi la poetica di quelle scuole considerata tanto intensa dal pittore da non essere seconda a nessuna "Quelli che chiedono di più non avvertono in realtà quanto i pittori olandesi hanno dato al mondo, e si può sempre mettere in dubbio per quelli che non apprezzano le opere degli olandesi e della scuola fiamminga, quali estasi possano fingere nel parlare delle scuole italiane e se siano capaci di apprezzare pienamente queste ultime, per il fatto che un vero gusto non è mai un gusto a metà."

Oltre a ciò il rispetto sacrale per la natura come modello supremo e fonte di ispirazione. Del resto non poteva essere altrimenti in un pittore come lui che metteva al primo posto la sensazione della visione scevra da ogni manipolazione di maniera. Il puro vedere era il momento cognitivo essenziale, quello direttamente collegato alla realtà "Fu a Roma che Claude [Lorrain] divenne un vero studioso della Natura e un convinto pittore manierista, ma trovò subito necessario ritornare bambino e si dedicò allo studio con un ardore e una pazienza forse mai eguagliati. Stava tutto il giorno nei campi e la notte disegnava all'Accademia, perché dopotutto l'arte è una pianta di serra, non del deserto. Quali erano le abitudini di Claude e di Poussin? Sebbene fossero circondati da palazzi pieni di quadri, essi eleggevano i campi come loro principali luoghi di studio."

Lorrain fu anch'esso un grande modello e Constable ne studiò attentamente i grandi orizzonti. Soltanto non ne adottò la luce dalla mitica serenità, non ne sposò la simbolicità classicista ma la sostituì con la luce rotta dagli agenti atmosferici. Altro rimando alla realtà quindi, a dispetto dell'arte accademica.

Ma per tornare a Rubens egli ne disse "In nessun'altra branca dell'arte Rubens è più grande che nel paesaggio; ad esso l'artista ha conferito la freschezza e la luce rugiadosa, il carattere giocoso e animato, imprimendo nello scenario monotono e piatto delle Fiandre tutta la ricchezza che appartiene alle più nobili caratteristiche della sua pittura. Rubens fu entusiasta dei fenomeni naturali: l'arcobaleno in un cielo tempestoso, i bagliori improvvisi del sole, il chiaro di luna, le meteore, e gli impetuosi torrenti che confondono il proprio suono col vento e le onde."

Altro grande maestro fu Gainsborough "Il paesaggio di Gainsborough è dolce, tenere e commovente. La tranquillità del Mezzogiorno, le profondità del crepuscolo, le gocce di rugiada del mattino si possono ritrovare tutte nelle tele di quest'uomo quanto mai caritatevole e gentile. Nel guardarle ci troviamo con le lacrime agli occhi senza sapere perché."

Sono parole che spiegano bene cosa possa essere la pittura paesaggista, cioè lo specchio dell'animo umano, la sua trasfigurazione inaspettata eppure estremamente naturale.

Ma il paesaggio per Constable era anche testimonianza sociale e storica, con le tracce che il lavoro umano lasciava su di esso e con la presenza, o l'assenza, dell'uomo stesso. La campagna che il pittore conobbe in tenera età e durante l'adolescenza cambiò spopolandosi e gli scenari si fecero diversi, meno sereni. La sua pittura divenne più simbolica e si riferì alla sofferenza delle masse contadine che si spostavano per necessità verso i centri urbani. La potenza internazionale dell'Inghilterra andava a scapito delle colture locali perché i prodotti agricoli venivano importati a prezzi molto bassi e quindi la produzione interna non era più competitiva.

La condizione umana era quindi rappresentata dalle vedute più fosche del pittore il quale, dopo la morte della moglie, sommò al dispiacere per gli sconvolgimenti sociali anche il dolore personale.

Tuttavia rimase sempre fedele al suo stile senza cercare espedienti espressivi che derogassero ai fondamenti della sua poetica e mantenendo un'onestà ed una coerenza incrollabili "La pittura è una scienza e dovrebbe esser condotta come una ricerca all'interno delle leggi della natura.

Perché, allora, il paesaggio non potrebbe essere considerato come una branca della filosofia naturale, della quale i dipinti non sono che gli esperimenti?"

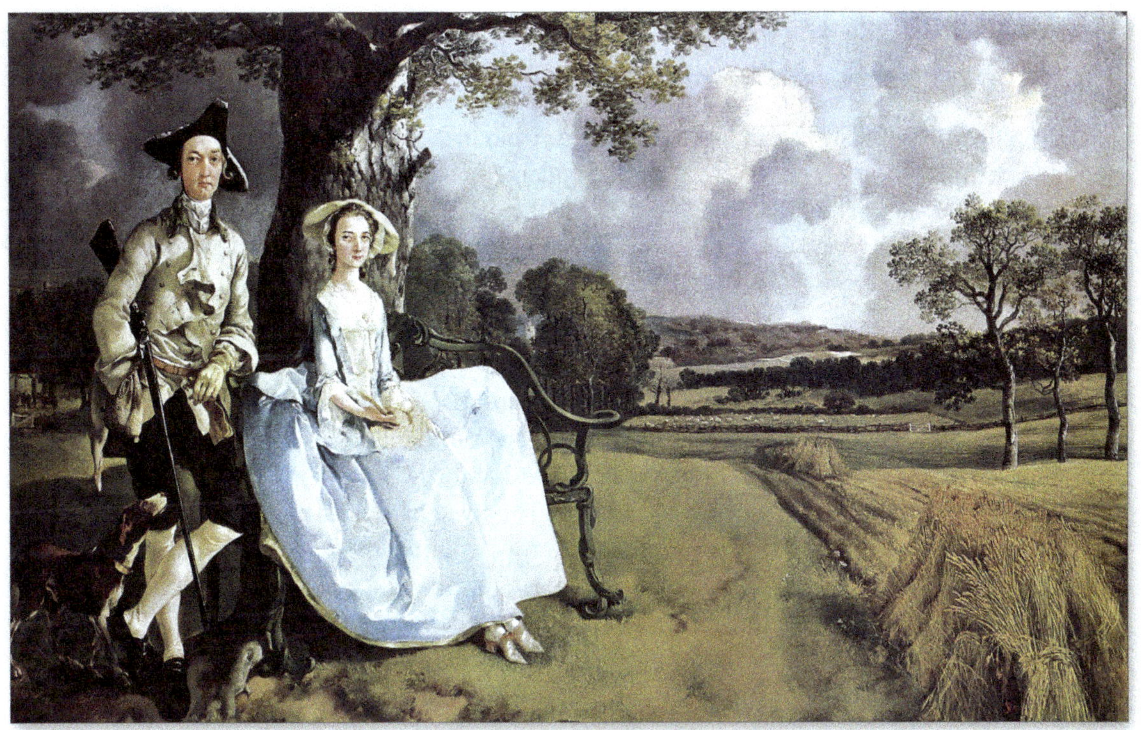

▲ **Thomas Gainsborough,** Mr and Mrs Andrews, olio su tela 69,8 x 119,4 cm, Londra, National Gallery

Citare la filosofia conferisce ulteriore dignità all'opera di Constable, ed è emblematico il fatto che lo facesse lui stesso. In effetti ci troviamo al cospetto di un pittore la cui forte logica compositiva ha una valenza anche dal punto di vista del puro pensiero. Il suo modo di rappresentare infatti non fu mai volto alla semplice riproposizione della scena vista ma alla sua ricostruzione secondo i processi mnemonici e cognitivi della mente. Nei quadri del maestro ogni cosa è concatenata ad un'altra tramite una funzione: le descrizioni delle barche e dei mestieri hanno un legame pratico con l'ambiente che li circonda e quindi una tensione narrativa. Anche gli alberi, il sole, gli animali seguono le leggi interne della natura che si manifestano con le cause e gli effetti. Questa impalcatura causale è dovuta al fatto che Constable dipingeva seguendo il movimento della conoscenza che fissa realmente le cose nella memoria soltanto quando queste sono state comprese in rapporto con il resto del mondo e pertanto conosciute davvero. Senza questo processo avrebbe creato quadri di genere, scene vuote e decorative senza capacità espressive.

L'esperienza della pittura fu per Constable una formazione mentale; attraverso di essa egli si modellò interiormente e raffinò le proprie qualità intellettuali. Quadro per lui volle dire punto di concentrazione imposto contro l'onda delle emozioni, dei sentimenti, ed arrivo ad una condizione culturale di elevato controllo interiore. In occasione di una sua gita alla Devil's Dyke, una vallata rinomata per la sua bellezza, ebbe a dire "forse il più grandioso e impressionante paesaggio del mondo e di conseguenza la scena mano adatta ad un dipinto. Compito del pittore è quello di non mettersi in competizione con la natura e fissare questa scena (una vallata lunga 50 miglia ricolma di scorci straordinari) su una tela di pochi pollici, traendo qualcosa dal niente, un tentativo che gli richiede pressoché necessariamente di diventare poetico."

L'arte dentro l'uomo

"L'ho visto ammirare un bell'albero con lo stesso estatico piacere con cui avrebbe preso un bel bambino fra le braccia. Il frassino era il suo preferito e chiunque conosca la sua opera non avrà certo mancato di osservare quanto frequentemente vi sia introdotto, come un soggetto caro, e come ne siano annotate le caratteristiche peculiari. [...] Ricordo le osservazioni fatte, in un viale di castagni, a proposito della grande eleganza dei loro tronchi, dovuta al motivo a spirale della corteccia."

Le parole di Charles Leslie, testimone della sensibilità artistica di Constable, ritraggono un uomo innamorato dei soggetti dei suoi quadri, che si incantava di fronte ad essi e ne studiava le più minute caratteristiche. Una tale attenzione poteva essere suscitata soltanto dal sentimento artistico, o forse il contrario, ovvero il sentire l'arte era reso possibile da uno spirito vibrante e ricettivo. Insomma si trattava, come sempre, di uno scambio reciproco per il quale si genera quella situazione in cui l'uomo fa arte non riconoscendo il momento nel quale ha iniziato a dedicarcisi, né il motivo scatenante. L'unica sicurezza riposa nel fatto che deve continuare sia perché è sospinto da essa, sia perché quando ne sente l'assenza va a cercarla egli stesso. Una tale condizione dà un'impronta fondamentale nella vita ed incide profondamente anche nel carattere della persona la quale non avrà alcun modo di negare i grandi cambiamenti che il sentire artistico porta con sé.

Constable, di suo, era un uomo calmo e forse un po' timoroso. Le imposizioni del padre furono accolte senza rivolta e per diversi anni si impegnò con serietà nell'impresa di famiglia. Tuttavia il mestiere di pittore lo fuorviò allontanandolo dalla campagna per farlo pellegrinare di studio in studio, alla ricerca del quadro più vero che però fosse anche vendibile. La sua vita fu attraversata da delusioni e da preoccupazioni per il mantenimento di sé e dei suoi figli.

Non ebbe mai un atteggiamento eroico, anche nell'affermare la sua arte, ma una costanza incrollabile che riuscì a misurare in base alla propria resistenza. Persino nelle escursioni non fu avventuriero come altri e si accontentò delle valli più vicine ai possedimenti paterni, tornando sugli stessi appostamenti e ricalcando più volte i medesimi scenari. Forse non voleva rischiare di perdere la pittura e pertanto si muoveva con prudenza. Il genere del ritratto non lo attrasse mai eppure vi ci concesse, per fare cassa, così come molti suoi colleghi cedettero alla topografia, disciplina pedante ma pur sempre richiesta.

In politica aveva idee chiare e si schierò sempre con il partito dei Tory, notoriamente conservatori e reazionari, sostenitori del re ed avversi ad ogni riforma costituzionale. Inoltre erano vicini alla Chiesa d'Inghilterra ed infatti uno dei suoi più intimi amici fu il reverendo John Fisher con il quale condivideva la lettura della rivista di estrema destra John Bull.

Quando nel 1820 morì re Giorgio III e salì al trono suo figlio con il nome di Giorgio IV, sua moglie, Carolina, allontanatosi da lui e trasferitasi nell'Europa continentale nel 1814, fece ritorno a Londra per rivendicare i suoi diritti di regina. Il marito chiese al Parlamento di votare una legge che potesse annullare il suo matrimonio. I conservatori sostennero il re ma i liberali, e con loro il popolo, si schierarono dalla parte di lei la quale ottenne il titolo reale. Constable commentò con Fisher la vicenda in questo modo "la situazione è difficile anche se non ho paura, ma la Sgualdrina Reale può contare su un grande partito: in breve, è il punto di riferimento [...] di tutti i criminali."

Ma tornando al suo essere pittore abbiamo detto che la sua arte fu da lui coltivata con inarrestabile impegno. Malgrado ciò i ripensamenti furono sempre molti e le sue tele vennero costantemente rimaneggiate.

Inoltre si trovò in un ambiente spesso ostile che a volte lo condizionò, come ricorda ancora il suo biografo Charlie Leslie "Ho spesso notato con stupore la prontezza con cui Constable è disposto ad apportare delle modifiche ai suoi lavori lasciandosi influenzare da giudizi di persone di scarsa attendibilità."

In altri passi scrisse "Il lettore avrà notato quanto Constable fosse lontano dall'essere una persona equilibrata. A proposito della sua arte avrebbe detto talvolta – Ringrazio Dio di non avere immaginazione -, sebbene in realtà pochi ne abbiano avuta più di lui; il che, se contribuiva a rendere tutte le sue gioie più esaltanti, rendeva certo i suoi dolori più acuti. […] Anche se Constable fosse stato meno sensibile, la continua e inarrestabile attività del suo spirito avrebbe certo finito coll'intaccare non molto tardi la sua costituzione. Il suo vero divertimento era costituito dallo studio. Non credo che abbia mai letto un romanzo in vita sua; e non era certo per limitatezza di vedute che egli si opponeva a lavorare di fantasia, ma perché non gli interessava."

Un animo fervido, ricco di spunti interiori che forse a volte lo confondevano per la loro ricchezza persino contrastante ma che altre gli chiarivano bene la sua visione della bellezza, come testimonia sempre Leslie "A una signora che trovava brutta un'incisione raffigurante una casa, disse – No, signora, non c'è niente di brutto: non ho mai visto niente di brutto in vita mia; quale che sia la forma di un oggetto, luce, ombra e prospettiva lo renderanno sempre bello."

Tra le cose che potevano turbarlo, oltre alle critiche rivolte alla sua pittura, c'era senz'altro la presenza di Turner, considerato un astro terribile dell'arte ma che Constable cercava di ridimensionare con un certo snobismo classista. E' noto che a una cena di gala della Royal Academy, tenutasi nel 1813, sedette accanto a lui con atteggiamento altezzoso e che parlando con la propria moglie ne disse "è incivile, ma ha opinioni interessantissime."

Constable faceva affidamento sulla sua condizione sociale e, come si è visto, non era per i cambiamenti democratici. Si è anche detto però che constatò con dispiacere l'abbandono delle campagne e l'impoverimento progressivo dei contadini. Certo era un uomo molto sensibile e le sofferenze altrui non dovettero lasciarlo di certo indifferente. Badava comunque molto al proprio sostentamento e al benessere di tutta la famiglia. Un giorno, nelle fognature che passavano sotto l'edificio in cui risiedeva a Londra, venne riscontrato un guasto che intasava il flusso delle acque e che rischiava di far dilagare i reflui; Constable ne fu fortemente preoccupato, come se gli fosse stato detto che la malaria li avrebbe colpiti da lì a poco e decise di trasferirsi per un periodo. Lo spostamento fu dovuto anche alle condizioni di salute della moglie che non erano affatto buone e che l'aria inquinata della città contribuiva ad aggravare.

La vita in campagna per lui era l'ideale, e lo era sempre stato, probabilmente perché nato in mezzo alle coltivazioni e cresciuto, anche per quanto riguardava la prima formazione artistica, immerso nella natura "Vivo quasi esclusivamente nei campi e non vedo nessun altro all'infuori dei mietitori." Queste erano sue parole di gioventù. Insomma i suoi luoghi furono la valle dello Stour, le colline di Hampstead a nord di Londra, i dintorni di Salisbury e da essi trasse la maggior parte delle sue vedute e della sua arte.

Si trattò di un legame forte e coltivato nell'amore per tutto ciò che gli era da sempre famigliare; questo fa di lui, almeno ai nostri occhi, una persona misurata nelle sue abitudini, poco incline alle novità e ai rischi, specialmente a quelli economici. Eppure, malgrado i tanti insuccessi, non pensò mai di cambiare mestiere, o di affiancarlo con qualche altra attività.

Certo ci fu l'eredità a sostentarlo, alla quale si sommò anche quella della moglie, ma non furono patrimoni ingenti tanto da assicurargli la serenità. Vendette le sue opere con alterne fortune e riscosse il vero successo, peraltro mai sfruttato veramente, a Parigi, in occasione del Salon del 1824. I francesi accolsero la sua arte con entusiasmo e si dimostrarono molto più aperti degli inglesi. Il pittore Paul Huet disse di lui "L'Inghilterra ci inviò una magnifica lezione di paesaggio. Nella storia della pittura moderna l'apparizione delle opere di Constable fu un evento [...] esse ebbero a Parigi il destino delle cose belle e delle novità: entusiasmo da una parte e disprezzo dall'altra." Come dire che l'arte di Constable non convinse mai tutti ma tutto sommato la Francia la comprese molto bene. La pittura del maestro fu in continua evoluzione e rivoluzionò silenziosamente l'arte inglese; certo non lo fece con i toni alti di un Turner ma si sedimentò nel modo di dipingere e ne divenne la base per i modi futuri. Il carattere dell'uomo si rispecchiò nel suo lavoro ed il talento seppe tradurlo al meglio. Se fosse stato uno spirito avventuroso e spregiudicato forse la sua arte avrebbe avuto un'eco maggiore mentre era in vita; ma forse non sarebbe stato neanche il geniale paesaggista che fu, così sensibile e paziente da far brillare ogni singola foglia, da farla fremere al minimo vento, da toccarla con il minuscolo sole che aveva in punta di pennello.

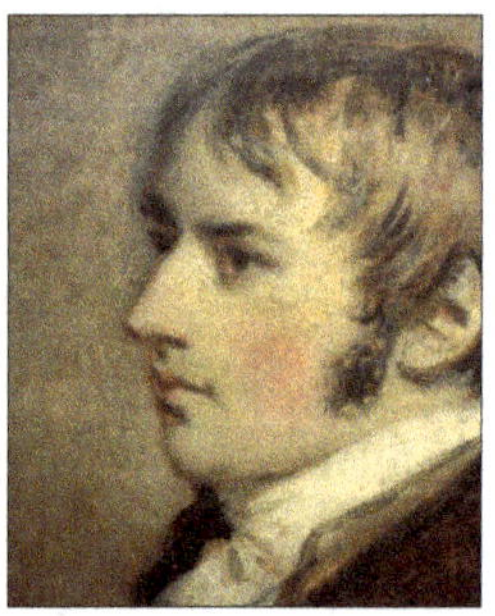

BOOKMOON ART - WORK PLAN

La collana Bookmoon Art propone monografie sui grandi artisti di tutti i tempi, con indagini storiche ed accurati esami dei capolavori, per tutti gli appassionati d'arte, ma anche per i sognatori. I nostri volumi sono nello standard 17 x 24 con un centinaio di pagine e illustrazioni a colori. Questi sono i primi quattro volumi della serie realizzati o in working nel 2016.

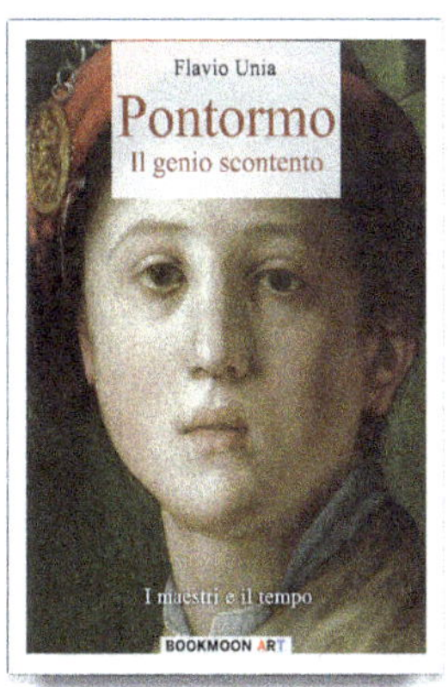

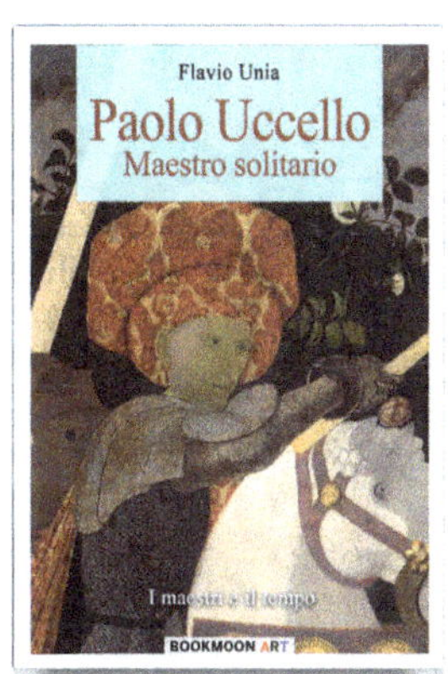

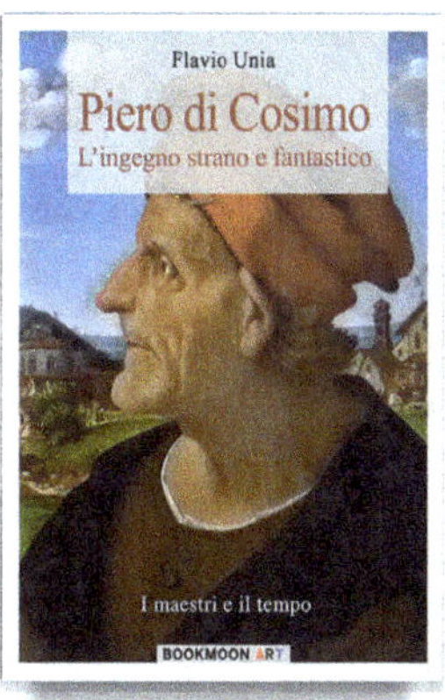